ウィトゲンシュタインの教育学

後期哲学と「言語の限界」

渡邊福太郎

慶應義塾大学出版会

目次

プロローグ　1

第1章　ウィトゲンシュタインと教育学　11

1　問題の設定　12
2　ウィトゲンシュタインと分析的教育哲学　15
3　教育学におけるウィトゲンシュタイン研究　26

第2章　教育の言語ゲーム　37

1　言語ゲームの両義性　38
2　原初的言語ゲームへの懐疑　44
3　教育の言語ゲームの特質　52

第3章　イニシエーションと訓練　61
1　イニシエーションと学習のパラドクス　62
2　訓練をめぐる対立　70
3　訓練の原初性　77
第4章　言語・事物・規範性　89
1　直示的定義のパラドクス　90
2　懐疑論をめぐる対立　98
3　直示的定義における言語と事物　102
第5章　子どもの他者性　115
1　ウィトゲンシュタインのパラドクス　116
2　規則のパラドクス　127
3　教育可能性と他者性　134

第6章　語りえぬものの伝達　143
1　ウィトゲンシュタインの自我論　144
2　自我の確実性と不確実性　152
3　語りえぬものの伝達可能性　160
第7章　教育と言語の限界　167
1　蝶番のパラドクス　168
2　蝶番をめぐる対立　177
3　教育学的観点の深化　184
エピローグ　193
註　203
あとがき　231
文献　*7*
索引　*1*

凡例

ウィトゲンシュタインの著作から引用を行う際には、以下の略号を用いて該当著作と節番号を表記し、節番号がないものは頁数を記載した。他の二次文献については原則的に頁数を表記している。一次文献、二次文献ともに邦訳があるものはこれを参照したうえで、地の文との整合性という観点から適宜訳文に変更を加えた。ウィトゲンシュタイン哲学の重要概念については、主要著作がドイツ語と英語の対照形式で出版されている事情から、原則的に両言語を併記する。なお、強調等は断りのない限り原文のままである。引用者による補足は［］内に記入し、原語を表記する場合には（）を使用した。

BB=*The Blue and Brown Books*, 2nd edn. Oxford: Blackwell, 1969.（大森荘蔵訳「青色本・茶色本」『ウィトゲンシュタイン全集6　青色本・茶色本他』大修館書店、一九七五年。）

CV=*Culture and Value*, edited by G.H. von Wright in collaboration with H. Nyman, revised and edited by A. Pichler, translated by P. Winch. Revised 2nd edn. Oxford: Blackwell, 1998.（丘沢静也訳『反哲学的断章——文化と価値』青土社、一九九九年。）

LE='A Lecture on Ethics' *Philosophical Review* 74, 3-12, 1965.（杖下隆英訳「倫理学講話」『ウィトゲンシュタイン全集5　ウィトゲンシュタインとウィーン学団他』大修館書店、一九七六年。）

LFM=*Wittgenstein's Lectures on the Foundations of Mathematics, Cambridge 1939*, from the notes of R.G. Bosanquet, N. Malcolm, R. Rhees and Y. Smythies, edited by C. Diamond. Chicago and London: University of Chicago Press, 1989.（大谷弘、古田徹也訳『ウィトゲンシュタインの講義　数学の基礎篇　ケンブリッジ１９３９年』講談社、二〇一五年。）

OC=*On Certainty*, edited by G.E.M. Anscombe and G.H. von Wright, translated by D. Paul and G.E.M. Anscombe. Amended. 1st edn. Oxford: Blackwell, 1974.（黒田亘訳「確実性の問題」『ウィトゲンシュタイン全集9

確実性の問題・断片』大修館書店、一九七五年。）

PG=*Philosophical Grammar*, edited by R. Rhees, translated by A. Kenny. Oxford: Blackwell, 1974.（山本信訳『ウィトゲンシュタイン全集3　哲学的文法1』大修館書店、一九七五年、坂井秀寿訳『ウィトゲンシュタイン全集4　哲学的文法2』大修館書店、一九七六年。）

PI=*Philosophical Investigations*, edited by P.M.S. Hacker and J. Schulte, translated by G.E.M. Anscombe and J. Schulte. Revised 4th edn. Chichester: Wiley Blackwell, 2009.（藤本隆志訳『ウィトゲンシュタイン全集8　哲学探究』大修館書店、一九七六年。）

TLP=*Tractatus Logico-Philosophicus*, translated by C.K. Ogden. London and New York: Routledge, 1922/*Tractatus Logico-Philosophicus*, translated by D.F. Pears and B.F. McGuinness. Revised edn. London: Routledge and Kegan Paul, 1974.（野矢茂樹訳『論理哲学論考』岩波書店、二〇〇三年。）

WVC=*Ludwig Wittgenstein and the Vienna Circle*, conversations recorded by F. Waismann, edited by B. McGuinness, translated by J. Schulte and B. McGuinness. Oxford: Blackwell, 1979/'Ludwig Wittgenstein und der Wiener Kreis' Gespräche aufgezeichnet von Friedrich Waismann, aus dem Nachlaß herausgegeben von B.F. McGuinness. *Ludwig Wittgenstein Werkausgabe Band 3*. Frankfurt am Main: Suhrkamp, 1984.（黒崎宏訳「ウィトゲンシュタインとウィーン学団」『ウィトゲンシュタイン全集5　ウィトゲンシュタインとウィーン学団他』大修館書店、一九七六年。）

Z=*Zettel*, edited by G.E.M. Anscombe and G.H. von Wright, translated by G.E.M. Anscombe. Berkeley and Los Angeles: University of California Press, 1967.（菅豊彦訳「断片」『ウィトゲンシュタイン全集9　確実性の問題・断片』大修館書店、一九七五年。）

プロローグ

言語はなぜ教育の、そして教育学の問題になるのであろうか。

言語が教育の問題であることは、言うまでもないだろう。教育は教える者と学ぶ者との言語的コミュニケーションによって成立し、われわれは言語を身につけることではじめて社会へと参入するからである。今井康雄が論じているように、教育は「他者とのコミュニケーションのなかで生じる出来事」であるとともに、「現実の世界への導入を課題として持つ」（今井 2009, 221）点で、私的な思考の世界のなかで完結しうる哲学とは問題関心を異にする。また同時に、現実の世界へと子どもを導き入れることだけが、教育の課題となるわけではない。もしそれが既存の社会的、文化的価値の一方的な伝達を意味するのであれば、その行為は教育ではなく「教化」や「教え込み」と呼ばれるべきであろう。イギリスの教育哲学者R・S・ピーターズがかつて述べたように（Peters 1965）、教育には伝統の伝達とその批判的再創造という困難な要求がつきまとう。「批判なき内容は盲目であり、内容なき批判は空虚である」（Peters 1965, 104）というピーターズの定式には、批判という契機を含む伝達行為のみを他と区別して「教育」と呼ぶ、われわれの言語的事実が表現されている。

伝統の伝達としての教育は、「公的な言語のなかに保持された、公的な伝統へのイニシエーション」（102f.）とともにはじまる。しかしながら、ここで教育をはじめることはそう簡単ではない。たとえば、「これを「二」と言う」と言いながら、二つの木の実を子どもに指し示す場面を思い浮かべてみたい。この時、子どもが「二」を目の前にある木の実の固有名として、もしくは茶色い木の実の色合いとして、さらには大人の側の何らかの感情を表す音声として捉えてしまう可能性はないだろうか。言語は伝統へのアクセスを可能にすると同時に、多様な解釈に常に開かれてもいる。言語のもつこの解釈可能性は伝統の伝達としての教育を困難にする一方で、伝統の批判としての教育を支える背景でもあるだろう。こうして言語の解釈可能性が伝達の困難として認識された時、すなわち「個人－世界－言語の間に齟齬が意識されたとき、「教育」という出来事が明示的に浮上する」（今井 2009, 222）。つまり、言語というメディアこそが、たんなる情報伝達にはとどまらない教育という行為を可能にするのである[1]。

ところで、教育学とは一般に、われわれの教育経験を批判的に対象化したうえで、新たな教育のあり方を構想する学問であるとされる。しかしながら、このこともまた決して容易ではない。われわれの教育経験はわれわれ自身の人格形成のプロセスと密接に結びついており、そこには自らのアイデンティティの問い直しという作業が必然的に含まれるからである。この作業の困難さは、自らが受けた教育の「偏り」や「誤り」を他者から指摘された場合に、われわれが示す反応を思い浮かべてみればより明確になるであろう。自我を支える基礎的信念に対する他者からの批判は、しばしば感情的な拒否反応を引き起こす。それゆえ、学問的批判の矛先は何よりもまず自分自身へと向けられるべきであり、自らの暗黙的な教育観が反省的に対象化されねばならない。さらにその結果は私的な教育観の吐露ではなく、他者による批判的分析と学問的蓄積に耐えうるものでなければならない。そして、教育学のこの課題を可能にするメディアもまた言語なのである。個々人の私的な教育観がどれほど異なっていようとも、われわれは言語という公的なメディアを介して他者と共通の土台に立ち、議論を論証的に積み重ねていくことができる。もちろん教育経験の言語化には限界があるかもしれないが、その試みは実際に限界に到達するまで続けられる必要がある。

このように、言語を問うことは教育（学）を問うことに等しい。そして、以上のような問題関心を軸に哲学的探究を行ったのが、本書の解釈する後期ウィトゲンシュタインである。二十世紀を代表する哲学者の一人であるルートウィヒ・ウィトゲンシュタイン（Ludwig Wittgenstein 1889-1951）は、自らの『論理哲学論考』（一九二二年、以下『論考』と略）によって哲学のあらゆる問題は解決したと信じた。第一次大戦からの復員後、彼は哲学の道に戻る代わりに教員養成学校へと通い、「理想主義的志向と、それに田舎の貧しい人々の間で生活し、働きたいというかなりロマンティックでトルストイ的な発想」（Monk 1991 = 1994, 192 = 206）から、一九二〇年にオーストリア南部のトラッテンバッハという小さな村で小学校の教員職に就いた。[2]ただ教え込むのではなく、生徒自身の頭で考えさせるべきだとの教育方針に基づき、彼の授業では動物の骨格標本の制作や夜空の観察、ウィーンへの遠足といった実習が重視された。その一方で、生徒への平手打ちをも辞さない彼の厳しい教育方法は親たちの反発を招き、三校目の赴任先であるオッタータールの小学校を最後に、ウィトゲンシュタインは一九二六年に教職を去ることになる。[3]

約六年間の幸福とは言い難い教員経験が、ウィトゲンシュタインの後期哲学にどれほどの影響を与えたのかは定かではない。しかしながら、『哲学探究』（一九五三年、以下『探究』と略）に代表される彼の後期哲学には、「教える–学ぶ」という教育学的観点から「言語の限界」を問うという方向性が読み取れる。『論考』が目指した理想的な言語から、日常言語という「ザラザラした大地」（PI 107）へと考察の舞台を移したウィトゲンシュタインは、言語がまさに他者から教えられるものであるという事実の認識へと至る。そして、言語をどのように「教えることができるのか」（9）、またわれわれはそれを「どれほど多様な仕方で学ぶのか」（35）という問いを「自らに問うこと」（Gasking and Jackson 1967, 54）が、探究の重要な位置を占めることになる。本書が目指すのは、前期哲学から後期哲学へのこの「教育学的転回（pedagogical turn）」

(Macmillan 1983, 363) に着目し、整合性のあるウィトゲンシュタイン解釈を提示するとともに、先述した言語と教育（学）をめぐる問題に一定の回答を与えることである。

よく知られているように、ウィトゲンシュタインの著作はそのほとんどが断章形式で書かれている。このことは、ウィトゲンシュタイン解釈に独特の魅力と困難を与えている。解釈者それぞれの視点に応じて――社会学者、形而上学者、宗教学者、美学者といった[4]――様々なウィトゲンシュタインが現れる一方、ウィトゲンシュタインという一人の人物に関する解釈としての整合性が要求されるのである。本書の内容にかかわる範囲で一例を挙げれば、ウィトゲンシュタインが『探究』で描く教育の場面をフィクションとして捉えるか現実として捉えるかに応じて、まったく別のウィトゲンシュタイン解釈が現れる。フィクションであると考える場合には、たとえば『探究』というテクスト自体のもつ教育的効果に焦点が当てられる。ウィトゲンシュタインの意図は、あえて非現実的な教育場面を読者に提示することで、われわれをとらえて離さない教育観からの解放ないしは治療をもたらす点にあるのだとされる。他方でそれを現実的な場面だと考える場合には、子どもは基礎的なレベルの教育さえままならない異様な他者として現れることになる。そして、前者の治療的解釈と後者の他者論的解釈は、そのままでは両立しない。よって本書では次のような内容のもと、後期ウィトゲンシュタインの諸著作を整合的に読みうる教育学的解釈を提示したいと思う。

第1章では、教育学におけるウィトゲンシュタイン哲学の受容状況を概観する。ウィトゲンシュタインの名は近年でこそ「教育思想家」の一人に数え入れられることもあるが、[5]彼の哲学が教育学に与えた影響は一九九〇年代に至るまで、分析哲学を介した間接的なものにとどまっていた。この章では、九〇年代以降に本格化したウィトゲンシュタイン研究のうち重要なものを、イニシエーション論的解釈、他者論的解釈、自我論的解釈の三つに分類し、それぞれの成果と理論的課題を確認する。第2章では言語ゲーム概念に関する主要な解釈を整理した後、「子どもがそれを通じて自らの母国語を習得するゲームの一つ」(PI 7)であるとされる、「原初的言語ゲーム」の特徴を明らかにする。原初的言語ゲームについては、それが現実にありうる言語ゲームであるのかフィクションであるのかをめぐって、いくつかの重要な批判が提起されている。この章では黒田亘や野家啓一の解釈に依拠しつつ、原初的言語ゲームが方法的側面と事実的側面をともにもつ点を指摘し、こうした批判にこたえるための道筋を示したい。

第3章では「学習のパラドクス」の検討を通じて、原初的言語ゲームへのイニシエーションが成立するための諸条件を解明する。主な考察対象となるのは、独自のウィトゲンシュタイン解釈をもとにピーターズの理論の乗り越えを図る、M・ラントレーの解釈である。ラントレーの議論を批判的に吟味することで、後期ウィトゲンシュタインにおける「訓練」概念の意義が明らかになるであろう。第4章では「直示的定義のパラドクス」をてがかりに、われわれの日常的な言語ゲームと教育の言語ゲームとの構造的な差異を明らかにする。この章では、懐疑論的パラドクスに対するS・カベルとJ・マクダウェルの対照的な見解を整理した後、「これを「二」と言う」と言って二つの木の実を指し示すことからなる、「直示的定義」の場面を取り上げる。きわめて単純に見えるこの教育場面に潜むパラドクスを分析することによって、教育の言語ゲームのなかで言語と事物が担う特別な役割が前景化されるであろう。第5章では子どもに数列や足し算を教える場面をもとに構成された、「ウィトゲンシュタインのパラドクス」の再検討を行う。S・A・クリプキに由来するこのパラドクスは、教育の原理的な困難性を強調するための格好の素材として、これまで幾度も取り上げられてきた。本章ではこの場面の背理法的性質に着目することで、教育を困難に陥れる要因としての消極的な意味での他者性から、教育の積極的な帰結としての他者性へと見方を変更する可能性を提示したい。

第6章では前期および後期ウィトゲンシュタインの自我論を中心に、自我の成立に際して他者の存在と言語が果たす役割と、広義の「教育」プロセスのなかで自我に伝達されうる事柄の解明を試みる。ウィトゲンシュタインの後期哲学に内在する「教える－学ぶ」という観点のうち、この章では学ぶ者の観点に注目する。そのことによって、自我の確実性の基盤であると同時に不確実性の源泉でもあるという他者との二重の関係性と、「語りえぬもの」の伝達という教育の可能性の一端が明らかになるであろう。第7章では最晩期ウィトゲンシュタインの哲学をてがかりに、「言語の限界」をめぐるウィトゲンシュタインの思考の到達点を確認する。「蝶番命題」と呼ばれる特殊な命題の性質について、近年ではD・モイヤル＝シャーロックとA・

コリヴァがそれぞれ対立的な解釈を提示している。これらの解釈を「教える－学ぶ」という観点から捉え直し、「蝶番のパラドクス」に整合的な解釈を与えるとともに――教える者と学ぶ者との間に求められる通常の意味でのそれとは区別された――教育におけるもう一つの倫理のあり方を提起する。

本書全体の構成について言えば、第5章までの内容は教育の原理的な困難性に焦点を当てつつ、それでもなお教育が可能であるための条件を探るものとなっている。すでに予告したように、われわれが無意識のうちに通り過ぎてしまう教育プロセスには様々なパラドクスが存在する。これらのパラドクスを解きほぐすことによって、間接的にではあれ、あまりに自然であるがゆえに回想不可能な過去の教育経験に接近することができるであろう。続く第6章と第7章は――それまでの章との対比で言えば――教育の可能性に目を向けた内容となっている。とはいえ、それは教える者の意図通りの伝達可能性を意味するわけではない。むしろ意図せざるものが自我に示され、もたらされる可能性について論じたのがこれら二つの章である。

「教える－学ぶ」という観点から「言語の限界」をめぐる思考を展開した後期ウィトゲンシュタインは、「その才能がどれだけ偉大であろうとも、自分自身について知らず、理解していなければいないほど、その人間の偉大さは減少する」（CV 53）と断言する。[6] そうであるとすれば、ウィトゲンシュタインはどこまで自らの自我を対象化しえたのか。以下、見ていくことにしたい。

第1章　ウィトゲンシュタインと教育学

本章ではウィトゲンシュタインの前期、後期哲学の要点を整理した後、教育学における研究状況について概観する。世界と言語が一対一に対応した『論考』の理想的言語を、「先に進むことができないツルツルした氷のうえ」（PI 107）に喩える『探究』のウィトゲンシュタインは、「教える－学ぶ」という観点から「言語の限界」をめぐる思考に再度着手する。C・J・B・マクミランの言う「教育学的転回」（Macmillan 1983, 363）以降の後期ウィトゲンシュタイン哲学は、「分析的教育哲学（analytic philosophy of education）」と呼ばれる学問的パラダイムが誕生した一九六〇年代に、教育学へと影響を与えはじめる。そして、一九九〇年代には教育という観点からウィトゲンシュタインの哲学を読み解き、その意義について論じる研究が本格化する。本章では九〇年代以降の主要な先行研究を三つに分類し、それぞれの理論的成果と課題を確認する。そのうえで、本書の教育学的ウィトゲンシュタイン解釈としての方向性を提示する。

1　問題の設定

ウィトゲンシュタインの哲学は通常、『論考』の前期哲学と『探究』の後期哲学とに大別される。[1]『論考』においてウィトゲンシュタインは、「写像理論」と呼ばれる言語論を軸に「私の言語の限界（*die Grenze meiner Sprache*/*the limits of my language*）」（TLP 5.6）の解明を試みた。『論考』の前期ウィトゲンシュタインによれば、言語と世界は「論理形式」（2.18）の共有を通じて一対一の対応関係にある。言語の最小単位である「名」は世界の側の「対象」（3.203）に、名の連鎖からなる「要素命題」（4.22）は世界の内部で生じることが可能な「事態」（4.21）に、要素命題に否定や連言などの「真理操作」（5.234）を加えることで得られる「命題」（5.3）は、世界内で実際に成立している「事実」（2）にそれぞれ対応する。さらにこの要素命題に真理操作を繰り返し適用することによって、その言語に可能なすべての命題を作り出すことができる。『論考』の言語論においては、世界内の対象を指示する名のみが意味をもち、この条件を満たす自然科学の命題だけが語りうることとして承認される。その一方で倫理や神といった事柄は、世界の側に対象をもたないがゆえに語りえぬものであると見なされる。そして『論考』という書物は、「語りえぬものについては、沈黙せねばならない」（7）というよく知られた結語で閉じられることになる。[2]

『論考』によって「問題はその本質において最終的に解決された」(p. 28/4) と信じたウィトゲンシュタインは、小学校教員や庭師や建築士などの職を転々とした後、一九二八年頃から哲学の仕事を再開する。かつて自らが信じた指示説的言語観からの脱却を図るなかで、後期ウィトゲンシュタインは「言語ゲーム (*Sprachspiele/language-games*)」(PI 7) というアイデアを創出する。たとえば、「赤いりんご五つ」と書かれた紙切れを商人のところへ持っていく言語ゲーム (1) において、「りんご」や「五つ」といった語の——指示対象としての——意味はまったく問題にならない。これらの語の意味を買い手が理解していなくても、買い物という活動は十分に成立するからである。「台石」や「柱石」などの呼び声に応じて石材を運ぶ言語ゲーム (2) においても、運び手に求められるのは石材を運ぶことだけであり、語の意味の理解ではない。言語の意味は世界との対応関係によってではなく、言語と一体となったわれわれの「生活形式 (Lebensform/form of life)」(19) によって与えられる。言語ゲームの多様性に応じて語の使用法は様々であり、同一の語に認められるのは、相互に重なり合う類似点のゆるやかなまとまりとしての「家族的類似性 (Familienähnlichkeiten/family resemblances)」(67) のみである。後期ウィトゲンシュタインは『論考』の理想的言語、すなわち「摩擦がなく、したがって諸条件がある意味では理想的なのだが、まさにそのためにわれわれは先に進むことができないツルツルした氷のうえ」から日常言語という「ザラザラした大地」(107) へと帰還し、論理的言語には限定されない新たな「言語の限界」をめぐる思索へと向かったのである[3]。

『論考』の前期ウィトゲンシュタインは、語りうることが世界内の可能な事態に限定された理想的言語を構築することで、倫理、美、神などの語りえぬものを「言語の限界」の外部に位置づけた[4]。他方で後期ウィトゲンシュタインは、われわれの日常言語を舞台に「言語の限界」の探究を再開した。なかでも本書が注目したいのは、この探究の際に「教える－学ぶ」という観点が重要な役割を果たしているという事実である。ケンブリッジ大学のモラルサイエンス・クラブの会合で、ウィトゲンシュタインは次のように語ったという。

ある特定の文がどのように用いられるのかを明らかにするためには、「そうした言明をいかにして検証するのか」と自らに問えばよい、と私はある時期に言っていた。しかしそれは、語や文の使用を明らかにする様々な方法のなかのたった一つにすぎない。たとえば、自らに問うことが時にきわめて有用なもう一つの問いは、「この語はどのように学ばれるのか」、「子どもがこの語を用いるための教授（teaching）を、人はどのようにはじめるだろうか」というものである。（Gasking and Jackson 1967, 54）[5]

後期ウィトゲンシュタインが提起したのは、われわれは言語をどのように学び、それをいかにして子どもに教えることができるのかという教育学的な問いであった。この問いの存在ゆえに、ウィトゲンシュタインの哲学は教育学においても様々な仕方で受容されてきた[6]。本書の目的は、「言語の限界」をめぐる後期ウィトゲンシュタインの哲学を「教える－学ぶ」という観点から読解し、その教育学的意義を解明することにある。また同時に、教育学における従来の解釈が抱えてきた理論的課題を解決しうる、整合的なウィトゲンシュタイン解釈の提示を目指したい。

2　ウィトゲンシュタインと分析的教育哲学

分析的教育哲学の成立

ウィトゲンシュタインの哲学は、いわゆる「言語論的転回（linguistic turn）」を契機に成立した「分析的教育哲学」の伝統とともに、教育学に様々な影響を与えてきた。本節ではまず、分析的教育哲学の創設に際してウィトゲンシュタインが果たした役割を概観しておきたい[7]。

二十世紀の哲学は、意識を対象とした従来の反省哲学から、言語を主題とする哲学へと変貌を遂げた。認識作用や意識内在的な観念を表現するための透明なメディアでしかなかった言語は、認識それ自体の可能性の条件として捉え直されることになった。二十世紀の哲学が経験したこの変化は、一般に「言語論的転回」と呼ばれている。この用語をもともと考案したのはウィーン学団の一員で後に渡米したG・ベルクマンであるが、その後R・ローティがアンソロジーのタイトルに用いたことで、二十世紀の哲学を特徴づける用語として広く知られるようになった。[8]ベルクマンは、ローティのアンソロジー『言語論的転回』（一九六七年）にその一部が収められている一九五三年の論文「論理実証主義、言語、形而上学の再構築」のなかで、論理実証主義者たちの間に存在する不一致についてふれた後、それでもなお「ウィトゲンシュタインが『論考』で着手した言語論的転回を受け入れていること」（Bergmann 1992, 63f.）に共通の哲学的スタイルが見出せるのだと論じた。言語論的転回の起源やその後の展開に関しては所説あるが、その基本的なモチーフは『論考』の次の箇所に要約されている。

哲学的な事柄について書かれてきた命題や問いのほとんどは、誤っているのではなくナンセンスなのである。それゆえ、この種の問いに答えを与えることなどおよそ不可能であり、われわれはただそれがナンセンスであるとたしかめることしかできない。哲学者たちの発するほとんどの問いと命題は、われわれが自分の言語の論理を理解していないことに基づいている。（それらは、「善と美はおおむね同一であるのか」といった問いと同類である。）そして最も深遠な問題が実は少しも問題ではなかったというのは、驚くべきことではない。

（TLP 4.003）

ローティが簡潔にまとめているように、ここには「哲学的問題は言語を再定式化することによって、あるいはわれわれが現在用いている言語をより深く理解することによって解決（もしくは解消）する」（Rorty 1992, 3）という、言語論的転回のテーゼが明確に表れている。ウィーン学団を中心とする当時の論理実証主義者たちは、前期ウィトゲンシュタインが示した哲学の新たな方向性に忠実に従った。一九二六年には、『論考』の内容がウィーン学団のメンバーによって一行ずつ検討されたという[9]。彼らはその三年後に学団のマニフェスト『科学的世界把握――ウィーン学団（*Wissenschaftliche Weltauffassung-der Wiener Kreis*）』（一九二九年）を発表し、伝統的な反省哲学への批判と、言語の論理分析に基づく経験主義的、実証主義的な研究に着手した。こうして哲学の舞台は意識という私秘性に包まれた場から、言語という公共性に開かれた場へと移されたのである。

言語論的転回が教育学に与えた影響を考える際に留意すべきなのは、論理実証主義者たちの多くがナチスの台頭によって亡命を余儀なくされたという歴史的事実である。たとえば、ウィーン学団の中心メンバーの一人で一九三六年にアメリカへと移住した、R・カルナップ（Rudolf Carnap）の『世界の論理的構築（*Der Logische Aufbau der Welt*）』（一九二八年）は、センス・データ――感覚器官を通じて直接的に経験される情報――を基本要素に世界の形式的な再構成を試みる著作であった。そしてカルナップのこの方法論をもとに『現象の構造（*The Structure of Appearance*）』（一九五一年）を著したN・グッドマン（Nelson Goodman）は、アメリカにおける分析的教育哲学の創始者I・シェフラー（Israel Scheffler）の師にあたる人物である。カルナップのほかにも、A・タルスキ（Alfred Tarski）、C・G・ヘンペル（Carl Gustav Hempel）、K・ゲーデル（Kurt Gödel）などの哲学者や論理学者が相次いで亡命したことで、アメリカでは論理実証主義が哲学的な伝統として根づくことになった。[10]

このような思想的土壌のもと、コロンビア大学で論理実証主義者E・ネーゲル（Ernest Nagel）に科学哲学を学んだB・O・スミス（Bunnie Othanel Smith）は、一九三八年に『教育測定の論理的側面（*Logical Aspects of Educational Measurement*）』を著した。またケンブリッジ大学でウィトゲンシュタインに師事したC・D・ハーディ（Charles Dunn Hardie）は、一九四二年に『教育理論における真理と誤謬（*Truth and Fallacy in Educational Theory*）』を出版した。これらの著作は言語論的転回の初期段階としての論理実証主義から強い影響を受けた、分析的教育哲学の先駆的業績であると言える。[11] そして、後の教育哲学研究の方向性を決定づけることになる論文、「分析的教育哲学に向けて」（一九五四年）を『ハーバード教育評論（*Harvard Educational Review*）』誌に発表したのがシェフラーである。シェフラーはこの論文のなかで、「教育実践に関連する主要概念の厳密な論理的分析」（Scheffler 1962, 333）を行うことこそが教育哲学者の使命であると宣言した。さらにシェフラーは、分析哲学において「すでに達成されている成果を利用すること」と、「一般的に認められている方法を教育問題の研究のなかで直接的に使用すること」（337）を、教育哲学者たちが取り組むべき具体的な課題として提示した。[12]

分析哲学者たちは言語論的転回の名のもとに考察の場を意識から言語へと移し、言語分析という価値中立的な方法によって、伝統的な哲学的問題を解決もしくは解消することを目指した。教育哲学者たちもまたこのモチーフに共鳴し、分析哲学者たちが提示する新たな方法を積極的に取り入れた。たとえば、G・ライル（Gilbert Ryle）が『心の概念（*The Concept of Mind*）』（一九四九年）で提示した「方法知」と「内容知」、「課題語」と「達成語」といった区分は分析的教育哲学者たちによって広く受け入れられ、教育にかかわる諸概念を分析する際の手段となった。また後期ウィトゲンシュタインの「家族的類似性」やいわゆる「言語の意味の使用説」などのアイデアは、次節で見るR・S・ピーターズ（Richard Stanley Peters）やT・F・グリーン（Thomas Franklin Green）によって教育学研究へと応用された[13]。教育哲学者たちは論理実証主義を介した前期ウィトゲンシュタインからの間接的な影響や、後期哲学のより直接的な受容を通じて、分析的教育哲学という潮流を徐々に形作っていったのである。

ピーターズのイニシエーション論

次に、イギリスにおける分析的教育哲学の創始者ピーターズにウィトゲンシュタインの後期哲学が与えた影響と、本書が再解釈を目指すピーターズのイニシエーション論の内容を確認したい。

一九六二年にロンドン大学教育研究所の教育哲学教授に就任したピーターズは、その翌年に後々まで影響を及ぼすことになる重要な講義を行った。「イニシエーションとしての教育」と題されたその講義は、次のような書き出しではじまる。

一九六〇年代の新たな特徴は、教育がかなりの程度、公共的な議論と理論的な考察の主題となったことに表れている。かつて教育は、教育を受けることができ、あるいはそれを当然のこととして受け入れていたごくわずかな人々のものではあったが、幅広く論じられてはいなかった。もちろん、学校時代の回顧談の類は数多く存在した。しかしながらそこに示されていたのは、教育への情熱的な関心というよりもむしろ、ナルシスト的な自己陶酔であった。(Peters 1965, 87)

ピーターズがこのような言明から講義をはじめた背景には、教育学を取り巻く当時の状況がある。一九六〇年代という時代は、高等教育機関の拡充を図るなかで教育学士の制度化を提唱した「ロビンズ報告」(一九六三年)に象徴されるように、教育学の専門性の確立が社会の側からも広く要請された時代であった。ピーターズはこうした時代の要求にこたえるために、個人的な教育経験や思想の吐露にとどまることのない公共的な議論のための手続きと、それを支える学問的な研究方法の確立を目指したのである。(14)

この講義のなかでピーターズはまず、教育に内在的な視点と外在的な視点とを区別する。教育は時に、たとえば有能な労働者の育成（経済）や従順な国民の形成（政治）など、教育とは別の目的のためのたんなる手段として語られる。教育を外から眺めるこうした「傍観者の視点」に対してピーターズが重視するのは、教育という「企てに従事する者の視点」（89）である。教育に実際に携わる者の視点に立つことによってはじめて、教育という概念の内実を明らかにすることができる。政治や経済に対する教育の自律性とその内在的な論理を重視するピーターズは、ある行為を――「社会化」、「矯正」、「訓練」ではなく――まさに「教育」と呼ぶための三つの規準を提示する。ここでは、一九六六年に出版された著書『倫理と教育』から該当する部分を引用しておきたい。ピーターズはその第一章冒頭部分で哲学における「革命の指導者の一人であるウィトゲンシュタイン」（Peters 1966＝1971, 23＝22）に言及し、教育という概念が家族的類似性をもつ点や、言語の意味の指示説にかかわる問題点についてふれた後、次のように述べている。

（ⅰ）「教育」は、価値あるものをそれにコミットすることになる人々に伝達するという意味を含む。（ⅱ）「教育」は、不活発ではない知識、理解、およびある種の認知的な展望を含むものでなければならない。（ⅲ）「教育」は、少なくともある種の伝達の手続きが学ぶ者の側の意識性（wittingness）と自発性を欠いている場合には、その手続きを除外する。（45＝55）

伝統的な価値を伝え、認知的展望を開くことのできる、学ぶ者の自発性に基づく行為のみを、われわれは他の概念と区別して「教育」と呼ぶ。これらの規準を満たさない行為は――たとえ「教育」と重なる部分があるとしても――「社会化」や「訓練」などと呼ばれるべきである。教育という概念にはあらかじめ、ある行為をまさに「教育」と呼ぶわれわれの規準が組み込まれている。

ピーターズは次に、これらの規準を十分に満たしうる包括的な概念として「イニシエーション（initiation）」を挙げ、教育のプロセスをイニシエーションのプロセスになぞらえて分析する。ピーターズによれば、「信念、欲求、感情に分化する以前の意識（awareness）」とともに生まれる子どもは、教える者による「範型となる事物（paradigm objects）」の提示を通じて、「これらの特殊な意識（consciousness）の諸様態」（Peters 1965, 102）を発達させていく。その結果、子どもは「公的な言語のなかに保持された、公的な伝統へのイニシエーションの産物」（102f.）である「萌芽的な心（embryonic mind）」（102）を獲得し、さらには「すでにイニシエートされた人物による導き」（104）のもと、「学問分野を規定する手続きと、すでに確立されたその内容をマスターすることへと段階的にイニシエートされていく」（ibid.）。そして「教育の最終段階に至っては、もはや教える者と教わる者との差はほとんど存在しない。というのも、彼らは共通の世界をともに探究するという共有された経験へと参与しているからである」（104f.）。

ピーターズは、教育に関する公共的な議論が可能となるための条件を整備したうえで、「生活形式（form of life）」（107）へのイニシエーションという教育プロセスの見取り図を提示した。個々人の思想や価値観がどれほど異なっていようとも、教育概念を他の概念と区別して現に用いている限り、われわれは言語のレベルで共通の土台に立てるはずである。そしてこの土台があってはじめて、生産的な議論をまさに積み重ねていくことが可能となる。こうしてピーターズ以降、分析という手法を駆使して公共的な議論のための基礎を構築することが、分析的教育哲学者たちの責務となったのである。

規範的教育哲学への移行

分析的教育哲学の成立によって、当時の教育学者たちは一つの学問的パラダイムを手にすることになった。しかしながら分析の技術が洗練されていくことで、当初の出発点であったはずの歴史的、社会的コンテクストからこの技術のみが徐々に遊離し、現実の教育問題との接点を失ってしまうという事態が生じた。(15) この点を早くも一九七〇年代前半に指摘したのが、A・イードル（Abraham Edel）の論文「岐路に立つ分析的教育哲学（Analytical Philosophy of Education at the Crossroads）」（一九七三年）である。また同時に、ピーターズの概念分析には彼の置かれた時代状況が色濃く反映されていた。本来は価値中立的であるはずの分析がもつこの思想性――あるいは論点先取の誤り――は、J・ハーバーマスによって鋭く批判された（ハーバーマス 2000,

136）[16]。分析的教育哲学は、一方では具体的なコンテクストからの乖離や抽象性という側面から、他方では価値中立的な装いの裏に潜む思想性という側面から、ともに批判を受けることになったのである。分析的教育哲学に向けられたこれらの批判を、S・E・カイパーズとC・マーティンは次のようにまとめている。

> 要するに、価値条件（価値あるもの）は必要不可欠である一方、認知条件（知識と理解）は偶然的な条件であるにすぎず、ピーターズが執筆を行っていた時代にたまたま重要であると思われたことでしかないのである。教育的に価値あるものも実際のところ幅広い内容をもち、時代や文化や場所に相対的な事柄なのである。（Cuypers and Martin 2013, 63）

やがて一九八〇年代に至り、価値多元的な社会状況がますます顕著なものになりはじめると、分析的教育哲学者たちの最も基本的な思想的前提さえもが——リベラリズムの自明視、保守性、男性中心主義、エリート主義などの——様々な批判にさらされることになる。宮寺晃夫によれば、教育哲学研究はその結果、「教育」の分析的意味の抽出を目的とする分析的教育哲学から、価値多元的社会における「対立の調整をはかり、共存の可能性をさぐるような観点、つまり諸価値を正当化する規準（norm）という意味での規範的（normative）な観点を模索」する「規範的教育哲学」（宮寺 1997, 4）への転換を余儀なくされた[17]。言い換えれば、ピーターズが教育概念の内在的規準を取り出す際に依拠した「われわれ」の非一面性が明るみに出たことで、教育を再度、多様な価値観をもった人々からなる社会のなかで正当化する必要性が生じたのである。その後、一九九〇年代にかけての社会主義体制の崩壊や「一九八八年教育改革法」の制定などによって、分析的教育哲学者たちはリベラリズムという伝統的な価値観の見直しとともに、ナショナル・カリキュラムや学校選択制といった現実的な教育問題への応答をも迫られるようになっていった。

一九八〇年代から九〇年代にかけての以上のような変化を、カイパーズとマーティンは教育哲学の「実践的転回（practical turn）」（Cuypers and Martin 2013, 225）と名づけている。しかし彼らは、教育哲学が同時期に「現象学、実存主義、（ネオ）マルクス主義、構造主義、批判理論、ポストモダニズムといった大陸の知的伝統」（ibid.）を積極的に吸収したことで、「パラダイムの複数性」（226）という状況が生まれたことに注意を促している。すなわち、規範的教育哲学は分析的教育哲学に代わる唯一のパラダイムというわけではなく、大陸哲学との対話を通じてほかにも様々な方向性が生じ、現在へと至っているのである。[18] そしてウィトゲンシュタイン哲学の本格的な受容と研究も、まさにこの一九九〇年代にはじまる。[19] そこには、規範的教育哲学とは別の形で分析的教育哲学の遺産を継承し、差し向けられた批判を克服する可能性が秘められている。次節では、教育学における一九九〇年代以降のウィトゲンシュタイン研究を整理し、本書の理論的課題をより具体的な形で提示する。

3　教育学におけるウィトゲンシュタイン研究

先行研究の状況

一九九〇年代には規範的教育哲学が分析的教育哲学に代わる新たな潮流として台頭し、教育哲学の「実践的転回」が生じた。しかしながら、規範的教育哲学は複数化したパラダイムのうちの一つにすぎなかった。かつての分析的教育哲学は大陸哲学との対話を通じて、規範的教育哲学とは別の展開を遂げていたのである。こうした流れのなかで、教育学的な観点からウィトゲンシュタインの哲学を内在的に解釈し、その教育学的意義を取り出そうとする様々な研究が生まれることになる。[20]

一九九〇年代から二〇〇〇年代にかけての教育学におけるウィトゲンシュタイン研究の主なものは、『哲学と教育――ウィトゲンシュタインの挑戦を受けて』(Smeyers and Marshall 1995)、『ウィトゲンシュタイン――哲学、ポストモダニズム、教育学』(Peters and Marshall 1999)、『示すことと行うこと――教育学的哲学者としてのウィトゲンシュタイン』(Peters *et al.* 2008) にまとめられている。一つの傾向として言えるのは、かつての分析哲学者としてのウィトゲンシュタインではなく、大陸哲学の伝統を受け継いだ「文化論者」、あるいは「ポスト構造主義者」

(Peters 1995, 190) としてのウィトゲンシュタインの受容を通じて、分析的教育哲学の刷新が図られているということである。

たとえば、M・ピーターズは論文「ウィトゲンシュタイン「以後」の哲学と教育」(一九九五年) のなかで、「ウィトゲンシュタインを分析の伝統のなかに置く見方に疑念を投げかけるとともに、大陸哲学の伝統の内部に彼を位置づけるための解釈上の基盤を与えること」(189) を自らの研究テーマに掲げている。さらに彼は別の論文で、「「ロンドン」学派あるいは広義の分析的教育哲学は、日常言語分析の発展とともに哲学のなかで生じた革命に依拠していたが、ウィトゲンシュタインの後期思想との結びつきは内容に乏しく、また矛盾をも含むものでしかなかった」(Peters 1997, 6) と従来の研究を批判する。そして、「オーストリアの対抗的な伝統 (counter-tradition) における「文化の哲学者」としてのウィトゲンシュタイン像を「われわれ」が受容するならば、「われわれ」はローティよりもむしろリオタールを受容し、ウィトゲンシュタインの哲学の精神をより忠実に表象することになる」(23) と述べ、いわゆる「ポストモダン」思想の文脈での再解釈を試みている。

ポスト構造主義的な「差異の哲学」に基づく、「ポスト分析的教育哲学」(ibid.) の構築を図るM・ピーターズとJ・D・マーシャルは、『探究』にテクスト論的な解釈を適用する。ウィトゲンシュタインの後期哲学に見られる「スタイル」が、「本質的に教育学的」(Peters and Marshall 1999, 175) であると論じる彼らは、「非-論証的でとりとめのない多様な形式の生き生きとしたレパートリー――像、描画、アナロジー、直喩、ジョーク、等式、自らとの対話、小さな物語、問いと間違った答え、思考実験、格言的なアフォリズムなど――を、主にわれわれの思考を移行させ、われわれをとらえて離さない像から逃れさせるための手段として提示する」(174) 点に、ウィトゲンシュタイン哲学の教育学的意義を読み取っている。M・ピーターズはその後も、『探究』に「繊細、正直、無垢、透明、自然で、(多くの場合これといった原因なしに) 絶えず問いを発する子どもの声」、「言語と思考の限界で生じる「狂人」の声」、「文化的あるいは民族的他者、外国人や異邦人、新たな言語や異なった言語を学ぶ大人の学習者たちの声」、そして「動物の非‐声」(Peters 2001, 133) からなる四つの声を聞き取るといった、テクスト論的な解釈に基づく示唆的な見解を提示し続けている。

このように、教育学におけるウィトゲンシュタイン研究は一九九〇年代に本格化を迎えることになる。以下では主要な先行研究を、イニシエーション論的解釈、他者論的解釈、自我論的解釈の三つに分類し、それぞれが抱える理論的課題を指摘する。

イニシエーション論的解釈

本章2節で論じたように、ピーターズはウィトゲンシュタインの後期哲学から一定の影響を受けたうえで、生活形式へのイニシエーションという教育プロセスの見取り図を示していた。両者の影響関係について、カイパーズとマーティンは次のように述べている。

> ピーターズがウィトゲンシュタインの全著作をどの程度読み込んでいたにせよ、彼がウィトゲンシュタイン的な前提を共有していたことは明白であり続けている。すなわち、心とは公的言語のなかに保持された構成的な公的現象であり、それゆえ学ぶ者は言語共同体による概念と意味へのイニシエーションを通じて自らの心を身につけなければならず、またこうした概念と意味は個々の学ぶ者が単独で所有したり、定義したり、適用したりするものではないという前提である。（Cuypers and Martin 2013, 217）

分析的教育哲学への多方面にわたる批判にもかかわらず、ピーターズのイニシエーション論は教育について論じる際の指針として受け継がれてきた[21]。そして一九九〇年代以降には、ピーターズの「ウィトゲンシュタイン的な前提」に着目し、ウィトゲンシュタイン哲学のより積極的な受容を通じてイニシエーション論を刷新することが、教育哲学者たちの研究課題の一つとなった。

たとえばT・カゼピデスは、「教授（teaching）には［……］何よりもまず知的発達の基礎となる膨大な数の岩盤命題（bedrock propositions）が、それゆえあらゆる教育的発達の前提条件が含まれる。この初期の教授を、それによって支えられるより高度なレベルの理性的な従事（*rational engagement*）との対比で、生活形式へのイニシエーションと呼ぶことができるであろう」

（Kazepides 1991, 267）と述べ、初期の段階の教育を「生活形式へのイニシエーション」として特徴づけている。他方でカイパーズはピーターズを擁護する文脈のなかで、「教育はイニシエーションとして最も適切に解釈されうる。よって教育は社会的な自己（social selves）を所与の生活形式へとイニシエートする複雑なプロセスと、根本的な意味で同一の事柄となる。そして彼らの自己実現と人生の成就は、最終的にこの生活形式に依存するのである」としたうえで、いわゆる「体制順応主義（*conformism*）」（Cuypers 1995, 139）には収まらない、ウィトゲンシュタイン哲学の教育学的意義を導き出している。そのほかにも、「ウィトゲンシュタイン的な立場からすると、「教育」とは「生活形式」への動態的なイニシエーションであると考えることができる」とし、「生活形式」を広義の「文化」（Smeyers and Marshall 1995, 17）として解釈するP・スマイヤーズとマーシャルの研究など、ウィトゲンシュタインの哲学をてがかりに、ピーターズのイニシエーション論を再解釈する研究が蓄積されている[22]。

これらの先行研究に依拠したうえで本書が指摘したいのは、ピーターズのイニシエーション論に見られる教育プロセスの単純化、あるいは自明視という理論的難点である。本章2節で論じたように、ピーターズは特定の価値観に基づいて教育概念の三つの規準を導き出し、教育のプロセスをイニシエーションのプロセスに置き換えていた。言語という公的な伝統へのイニシエーションによって心を獲得し、やがて教える者とともに世界の探究へと踏み出すという一連のプロセスに、教育の原理的な困難性に関する十分な認識は見られない。後の論者によって指摘されたピーターズの思想性という問題が、彼のイニシエーション論にも理論的単純化という作用を及ぼしてしまっているのである。これに対して本書では、教育プロセスに内在する様々なパラドクスと多様な伝達様式の検討を通じて、イニシエーションが決して単純かつ自明なプロセスではないことを示したい。

他者論的解釈

次に取り上げるのは、丸山恭司による後期ウィトゲンシュタイン哲学の他者論的解釈である。言語ゲーム論の教育学的意義をいち早く発見し（丸山 1992）、ウィトゲンシュタインの後期哲学を「「教える−学ぶ」視点の展開」（丸山 1993, 11）として捉える重要な論点を提起した後、丸山はいわゆる「ウィトゲンシュタインのパラドクス」をてがかりに、独自の他者論を構築している。[23]このパラドクスに登場するのは、「２ずつ足していけ」という教師の命令に対し、１０００を超えた途端に「１００４、１００８、１０１２」と答えはじめる奇妙な生徒である（PI 185）。[24]このパラドクスの検討を通じて「教育における〈他者〉」（丸山 2000, 117）の解明を試みる丸山は、教育という領域に特有な他者のあり方について次のように論じている。

教える者が学習者の反応を十分に観察し（たと考え）、学習者は学び終えたと判断したにもかかわらず、次の瞬間にも学習者が逸脱した反応を示す可能性は否定できないのである。

学習者の他者性は常に潜在していて、それがいつ顔を顕してくるのかを完全に予測することは不可能である。ただし、教育にとってこの潜在的他者性が致命的に思えるのは「規則応用」図式に囚われているときである。確かに、こうした他者性ゆえに教育には伝達の困難さがともなうものである一方、この他者性が実際に教育を不可能としてしまうことは希である。教育は「規則応用」図式が要求するような厳密で確実な行為ではないけれども、伝達の原理的な困難性を必ずしも実質的な問題としては受け取らない機構をもった行為なのである。（ibid.）

「教育における〈他者〉」は常に――先の生徒のような――逸脱可能性としての「潜在的他者性」をもつが、この他者性によって実際の教育プロセスが破綻をみることはめったにない。丸山によれば、論理的可能性としての逸脱可能性が現実化しないのは、この他者性が「生活形式における一致によって暫定的に解消される」（ibid.）からである。このことを丸山は別の論文で、「教育的関係に現れる他者は、関係を結ぶことによってはじめて現れる、小文字の他者である」と同時に、「教育的関係に現れる他者は潜在的な他者性を保持した他者でもある。完全にはコントロールしえない、予測を超えた反応をしうる存在である」（丸山 2002, 10）と表現する。そして、潜在的他者性を前に教育を断念するのでも、その完全なコントロールを図るのでもなく、現実的なレベルでの「一致の確認に甘んじること」（丸山 2000, 118）を、教える者の倫理として要請するのである。[25]

教える者の倫理に関する丸山の議論には、いくつかの根本的な批判が向けられている。学ぶ者の潜在的他者性を目の前にしてもなお、「伝えることの困難に向かおうとする教師の決意と努力が倫理的態度として必要とされる」（丸山 2001, 39）と主張する丸山に対し、たとえば田中智志は「存在である他者への教育を、教育方法の範疇に限定して語っている」としたうえで、「教師としての心がまえのみならず、近代教育を超えるものが必要だろう」（田中 2002, 17）と論じている。また齋藤直子は、丸山の議論が仮に「極端な懐疑主義」を肯定するものであるならば、それは「「教育が謎としてあることの認識」によって懐疑主義を美化し、他者の知り得なさの前に、なすすべもなく立ちつくし、知り得ないことを想像した（知ったと思う）ことに自己充足するナルシスティックな自己、思考と対話の可能性を拒絶するニヒリスティックな自己――コロニアリズムとは別の形で肥大化したエゴ、自意識――を肯定し再生産する結果をも生み出しうる」（齋藤 2002, 30）との危惧を表明している。

以上のような批判を受けてもなお、教育の原理的なレベルでの困難性を他者性という側面から明らかにした点で、丸山の他者論的解釈には十分な意義が認められるべきであろう。[26] 本書が指摘したいのはむしろ、潜在的他者性あるいは「教える者と学習者の非対称性」を重視し、「「教育」そのものがもつ認識論的関係論的暴力性と制度論的暴力性」（丸山 2007a, 72）に警鐘を鳴らす理由から、丸山の解釈においては学ぶ者の観点が方法的に断念されているということである。学ぶ者という「知られざる立場に容易に移行」(ibid.) することを禁じる丸山は、ピーターズと同様に、「教える者の一人称的なパースペクティヴ」(Cuypers and Martin 2013, 71) を意図的に選択しているように見える。本書では、かつての丸山とともにウィトゲンシュタインの後期哲学に内在する学ぶ者の観点に注目し、「教える－学ぶ」という両方の観点に基づく整合的なウィトゲンシュタイン解釈を提示したい。このことによって先の批判にこたえうる、教育における他者と倫理のもう一つのあり方が明らかになるであろう。

自我論的解釈

本節で最後に検討したいのは、前期および後期ウィトゲンシュタインの自我論をめぐる解釈である。[27]『論考』の前期ウィトゲンシュタインは、「世界が私の世界であることは、この言語(私が理解する唯一の言語)の限界が私の世界の限界を意味することに示されている」(TLP 5.62) という一節に象徴される、独我論的自我論を展開したことでも知られている。[28] 第6章で論じるように、ウィトゲンシュタインは自我の問題を生涯にわたって問い続けた。とりわけ、「教える－学ぶ」という観点から再検討された後期哲学における自我論には、教育学的に重要な意義が含まれており、この点に焦点を当てたいくつかの先行研究が生まれている。[29]

たとえばM・ピーターズとマーシャルは、「ウィトゲンシュタインの言語観や言語ゲーム観には、言語的かつ文化的な実践のなかに存在するものとしての、すなわちディスコースの構築物としての自我という、自我に関する積極的な観点が暗示されている」(Peters and Marshall 1999, 197) と指摘した後、ウィトゲンシュタインの哲学とM・フーコーの思想を融合した「自己の教育学」(198) の構想へと向かう。この構想は『探究』を「精神的な自伝であると同時に教育学的なテクスト」(Peters 2000, 360) であると見なすM・ピーターズによって引き継がれ、われわれに「自らをナラティヴに再創造する」(366) ことを強いるという、『探究』の性質に焦点が当てられる。このように、M・ピーターズは先に言及したテクスト論的解釈をウィトゲンシュタインの自我論にも適用することで、その教育学的意義の抽出を試みている。[30] とはいえ、後期ウィトゲンシュタインの自我論に、「ディスコースの構築物としての自我」という言明以上の具体性を与えられないでいるのが現状であると言える。

これに対して本書が依拠したいのは、P・スタンディッシュの解釈である。分析的教育哲学の限界が顕わになり、教育哲学研究の主流が規範的教育哲学へと移行した一九九〇年代初頭に、スタンディッシュは『自己を超えて』(一九九二年) を出版する。「ウィトゲンシュタイン、ハイデガーと「言語の限界」」という副題をもつこの著書のなかで、スタンディッシュは規範的教育哲学者たちが前提とする「世界の俯瞰的な傍観者」(Standish 1992＝2012, 39＝102) としての自我と、ピーターズやP・ハーストらが模範とする「命題的」かつ「総括的」な「科学の言語」(215＝430) にともに批判を加えている。その際に導きの糸となるのが、「言語の限界」をめぐるウィトゲンシュタインの哲学である。スタンディッシュは、従来の教育哲学者たちが暗黙の前提としてきた「合理的 - 断定的」な言語の限界を明らかにすると同時に、これを「受容的 - 応答的」（38 = 101）な言語へと転換することを試みる。さらにこうした言語観の転換をもとに、合理的自律性を備えた「自分自身の作り手」（216 = 432）としての自我に代わる、「自意識的ではない仕方で物と他者と共に在る」（217 = 435）自我の姿を描き出している。

ウィトゲンシュタインの後期哲学をてがかりに、規範的教育哲学とは異なる仕方で分析的教育哲学の伝統を継承するという方向性を、本書はスタンディッシュと共有している。他方で、スタンディッシュは『探究』を主な考察対象に据えており、最晩期ウィトゲンシュタインの哲学は射程の外に置かれている。以下本書では、『自己を超えて』の原著出版から現在までの間に研究上の進展をみた、最晩期ウィトゲンシュタインの哲学をも考察範囲に含めることで、「言語の限界」という思想のもつ教育学的意義のさらなる解明を目指す。

第2章　教育の言語ゲーム

「言語ゲーム」という概念は、ウィトゲンシュタインの後期哲学を代表する概念として広く知られている。第1章1節で見たように、後期ウィトゲンシュタインは『論考』の指示説的言語観を乗り越える目的でこの概念を考案し、経験主義的な検証でも論理的な概念分析でもなく、言語ゲームの記述という手段を用いて新たな「言語の限界」へと向かった。また、ウィトゲンシュタインが描く言語ゲームには教育の場面が多く含まれているため、教育学者たちはそこから何らかの教育学的意義を取り出そうと解釈を積み重ねてきた。しかしながら、言語ゲームの意味内容は必ずしも明確ではなく、研究者の間でも解釈上の一致をみているとは言い難い。ウィトゲンシュタインが描く教育の場面についても、とりわけその現実性をめぐっていくつかの注目すべき論点が提起されている。

本章では主要な研究者たちによる言語ゲームの分類について確認した後、黒田亘や野家啓一の解釈にならって、言語ゲームが哲学的な方法としての側面と、現実的な言語実践の記述という側面をともにもつことを指摘する。さらに『探究』で描かれる教育場面の非現実性を指摘する解釈や、ウィトゲンシュタインの言う「訓練」に一種の暴力性を読み込む解釈を紹介する。これらの解釈を吟味することで、「子どもがそれを通じて自らの母国語を習得する（erlernen/learn）ゲームの一つ」（PI 7）であるとされる、「原初的言語ゲーム」の特徴が浮き彫りになるであろう。

1　言語ゲームの両義性

言語ゲームの家族的類似性

『探究』は、アウグスティヌスの『告白』からの引用ではじまる。ここにはわれわれが素朴に抱く言語習得のイメージと、ウィトゲンシュタイン自身がかつて『論考』で想定していた言語論がともに表現されている。まずは、該当する部分を引用しておきたい。

大人たちがある対象の名を呼び、同時に身体をその対象の方へと動かした時、私は彼らが私に示そうとしているそれが、彼らの発する声によって印づけられているのを見て、そのことを心にとどめておいた。彼らがその対象を私に示そうとしていることは、万民共通の自然の言語である身体の動きによって明らかであった。この言語は顔つき、目つき、四肢の動き、声の響きからできていて、何かを求めたり、手に入れたり、退けたり避けたりするような心の動きを表すものである。このように、語が様々な文のなかの決まった場所で用いられるのを繰り返し聞いて、私はそれらの語がどのような物の印であるのかを少しずつ学んでいった。そして、私の口がそれらの印に慣れてくると、私はこの印を用いて自らの願望を表現するようになった。（PI 1）

ウィトゲンシュタインはこの一節に、「どの語も一つの意味をもつ。この意味と語との間には対応関係がある。意味とは語が表す対象のことである」（ibid.）という、かつての『論考』と同様の言語観を読み込んでいる。彼はまた、アウグスティヌスが「人間の言語の学びを、あたかも外国に来た子どもがその土地の言語を理解しないかのように、すなわち［……］子どもはすでに考えることはできるが、話すことだけがまだできないかのように」（32）描いている点にも注意を呼びかける。アウグスティヌスの『告白』には、指示説的言語観とともに、「子どもの内側には言語習得に先立ち、すでに完成ないしは構造化された人間の意識が存在するのだという考え」（McGinn 1997, 51）が含まれている[1]。

アウグスティヌスの『告白』に見られる指示説的言語観と、子どもの思考能力を前提とする言語習得観をともに払拭するために、ウィトゲンシュタインは言語ゲームの記述という方法を考案する。とはいえ、ウィトゲンシュタインの言う言語ゲームの範囲と境界線は必ずしも明確ではない。実際にウィトゲンシュタインは、『探究』第一節の買い物の言語ゲームや第二節の建築者の言語ゲーム以外にも、「命令する、そして命令に従って行動する」、「ある対象を外観によって、あるいは測量に基づいて記述する」、「記述（図面）の通りに対象を組み立てる」、「ある出来事を報告する」、「その出来事について推測する」、「ある仮説を立て検証する」、「実験の結果を表や図によって示す」、「物語を創作し、読む」、「劇を演じる」、「輪唱する」、「謎を解く」、「冗談を作って、言う」、「算術の応用問題を解く」、「ある言語を他の言語に翻訳する」、「乞う、感謝する、罵る、挨拶する、祈る」（PI 23）といった、われわれが言語で行うあらゆる活動を言語ゲームと名づけている。そして、言語ゲームのこうした多様性を特徴づけるために持ち出されるのが、「家族的類似性」という概念である。

私としては、「家族的類似性」という語以上にこうした類似性をうまく特徴づける語は思い浮かばない。というのも、一つの家族の構成員の間に見られる体つき、顔つき、目の色、歩き方、気質といった様々な類似性もまた同じように重なり合い、交差し合っているからである。――よって私は、「ゲーム」は一つの家族を構成すると言いたい。（67）

ウィトゲンシュタインはこのように、ゲームという概念自体も家族的類似性をもつのだと主張する。すなわち、何かを「ゲーム」と呼ぶための本質など存在せず、われわれが「ゲーム」と呼ぶ様々な活動の間におおよその類似性が見出せるにすぎないと言うのである。

「「ゲーム」という概念は輪郭のぼやけた概念である」とし、「時には不鮮明な像の方こそ、まさにわれわれの必要とするものではないか」（71）と問いかけるウィトゲンシュタインの意図は、『論考』の指示説的言語観を反駁することにある。「赤いりんご五つ」と書かれた紙切れを商人のところへ持っていく言語ゲームにおいて、「「五つ」という語の意味［……］はまったく問題にならない。「五つ」という語がどのように使われるのかということだけが問題なのである」（1）。建築者の声に応じて石材を運ぶ言語ゲーム（2）においても、運び手に要求されるのはまさに石材を運ぶことだけであり、これらの語の指示対象を心に思い浮かべることではない。言語の意味はそれが指示する対象や心的イメージであるとは限らず、コンテクストの多様性に応じて様々でありうる。そして、言語の意味をコンテクストとともに明らかにする目的で考案された言語ゲームという概念自体にも、同様のことが当てはまる。つまり、言語ゲームの明確な境界線をただ一つに定めることは、そもそも不可能なのである(2)。

言語ゲームの方法的／事実的側面

それ自体が家族的類似性をもつとされる言語ゲーム概念については、これまでも様々な解釈と分類の試みがなされてきた。たとえば、G・ベイカーとP・M・S・ハッカーは定評のある『探究』の注釈書のなかで、「言語ゲームを分類ないしは個別化するための原理を見出すことは非常に困難である」（Baker and Hacker 2005a, 63）としながらも、言語ゲームに含まれる三つの側面について指摘している（59ff.）。彼らによれば、「第一に彼［ウィトゲンシュタイン］はしばしば、子どもがわれわれの言語の様々な断片をマスターしはじめる際の、原初的言語ゲームを引き合いに出す。ウィトゲンシュタインは成熟した言語ゲームに光を当てるために、それらの原初的な核あるいは多様性の中心としての原初的言語ゲームを用いている」（59）。ウィトゲンシュタインは先に言及した『探究』第一節の買い物の言語ゲームについて、「話すことを学ぶ時に、子どもはこうした原初的な（primitiv/primitive）形式の言語を用いる」（PI 5）と述べている。また第二節の建築者の言語ゲームについても、「われわれはまた第二節における語の使用の全プロセスを、子どもがそれを通じて自らの母国語を習得するゲームの一つであると考えることができる」（7）とし、原初的言語ゲームを子どもの言語習得と結びつけている。

ベイカーとハッカーは続けて、「第二にウィトゲンシュタインは、子どもが学ぶこれらの言語ゲームと似てはいるが、「完全」なものとして見なされるべき言語ゲームを考案する」（Baker and Hacker 2005a, 60）と主張する。彼らが論拠とするのは、『探究』の第五節である。ウィトゲンシュタインはここで、『探究』第一節の買い物の言語ゲームに言及しつつ、「もしわれわれが言語という現象をその原初的な用法に即して研究し、そこでの語の目的や機能を明瞭に展望することができれば、「言語の働きを覆い隠す」霧は消え去るであろう」（PI 5）と論じている。そしてウィトゲンシュタインは、語の使用が明瞭化された言語ゲームは「現実にそれが対応しなければならないような先入観としてではなく」（131）、あくまで「比較対象として」（ibid.）提示されるべきものであるとの留保をつける。ベイカーとハッカーは第三の側面として、「特定の哲学的誤解から問題が生じることを明らかにする」ために考案された「想像上の言語ゲーム」（Baker and Hacker 2005a, 60）を挙げているが、(3) 第二と第三の側面はともに、哲学的な方法概念としての言語ゲームに焦点を当てたものであると考えられる。

ベイカーとハッカーに従えば、言語ゲームという概念には、子どもが言語を学ぶ場面の記述であると同時に、言語の働きを展望するための哲学的方法でもあるという二重の側面が含まれている。言語ゲーム概念を次の四つに分類するH・J・グロックもまた、同様の見解を示している。すなわち、言語の断片としての「教授実践（teaching practice）」、比較対象や背理法的想定としての「架空の言語ゲーム」（Glock 1996, 194）、われわれの現実的な言語使用を記述する「言語活動」（196）、そして「私はまた、言語と言語が織り込まれた活動の総体をも言語ゲームと呼ぶ」（PI 7）とウィトゲンシュタインが言う場合の、「ゲームとしての言語」（Glock 1996, 197）である。グロックはさらに『探究』以降、ウィトゲンシュタインは架空の言語ゲームをあまり用いなくなる。その代わりに彼は実際の言語活動により注意を向け、われわれの非言語的な実践を背景にそれらの活動を記述する」（196）と述べ、「教授実践」から「ゲームとしての言語」への移行をウィトゲンシュタインの思考プロセスに重ね合わせている。(4) こうしたグロックの分類からも、言語ゲームが哲学的な方法としての側面と、われわれの現実的な言語使用の一側面という二重の性質をもつことが見て取れるであろう。

以下では、「事実概念であると同時に方法概念であるという「言語ゲーム」の両義性」(黒田 1975, 207) にいち早く着目した黒田にならって、これらの側面にそれぞれ「方法」と「事実」という用語をあてることにしたい。そのうえで問題となるのが、ウィトゲンシュタインの描く教育場面の位置づけである。それをあくまで方法的に構築された概念装置――比較対象として の「架空の言語ゲーム」あるいは「想像上の言語ゲーム」――として捉えるか、もしくはわれわれが事実として行う教育実践の一場面として捉えるかをめぐって、いくつかの興味深い論点が提起されている。次節では建築者の言語ゲームを中心に、これらの論点について見ていきたい。

2　原初的言語ゲームへの懐疑

原初的言語ゲームの非現実性

『探究』第二節で導入される建築者の言語ゲームとは、次のようなものである。

それは建築者Aと助手Bの間で、意志疎通のために役立てられるはずの言語である。Aは石材によって建築を行う。石材には台石、柱石、石板、梁石がある。BはAが必要とする順序に従って、次々に石材をAに渡さなければならない。この目的のために、二人は「台石」、「柱石」、「石板」、「梁石」という語からなる一つの言語を使用する。Aはこれらの語を叫ぶ。――Bはその呼び声に応じて運ぶことを学んだ石材を持っていく。――これを完全な原初的言語と考えよ。（PI 2）

建築者Aと助手B、「台石」、「柱石」、「石板」、「梁石」という四種類の語、それぞれの語に対応する石材のみからなる言語ゲームを、ウィトゲンシュタインは「完全な原初的言語」と見なすよう要請する。さらにウィトゲンシュタインは、この原初的言語ゲームに数詞や指示語を付与した言語ゲームを「第二節の言語の拡張」（8）と呼び、その際の教育のあり方について次のように述べている。

話すことを学ぶ時に、子どもはこのような原初的な形式の言語を用いる。ここで言語を教えることは、説明ではなく訓練（Abrichten/training）なのである。（5）

訓練（Abrichtung/training）の一つの重要な部分は、教える者（der Lehrende/teacher）が対象を指し示し、子どもの注意をその対象に向け、その際ある語を言う、ということにあるだろう。たとえば、そのような形をしたものを提示しながら「石板」と言う、といったように。（このことを私は、「直示的説明（hinweisende Erklärung/ostensive explanation）」や「定義（Definition/definition）」などとは呼びたくない。なぜなら、まさに子どもはまだ名称を問うことができないからである。私はこれを「語の直示的教示（hinweisendes Lehren/ostensive teaching）」と名づけたい。――私はこれが訓練の一つの重要な部分を構成すると述べたが、それは人間にとってそうなっているからであって、ほかの仕方が想像できないからではない。）(6)

ここで「直示的教示」と呼ばれているのは、実例を指し示しながらただ「石板」や「赤」と言う、といった最も単純な教授方法である。これに対して「直示的説明」や「直示的定義」は、同じく実例を指し示しながら「これが「石板」である」や「これを「赤」と言う」などと、語の定義や説明を与える方法として想定されている。ウィトゲンシュタインはこのように、言語習得以前の子どもに語の使用を教えるための原初的言語ゲームをまず設定し、この子どもに少しずつ複雑な語や文を学ばせていくという構成的な記述を、言語の意味を明瞭に展望するための新たな手段として考案したのである。

前節で確認したように、ウィトゲンシュタインは建築者の言語ゲームを、子どもが言語を学ぶ際に実際に用いられるゲームの一つと見なしていた。しかしながら、われわれの現実的な言語使用と比較した場合、そこには多くの要素が欠けているように思われる。S・カベルはこのような観点から、原初的言語ゲームをわれわれの言語と見なすことに懐疑の目を向ける(5)。カベルの懐疑は建築者Aと助手Bの言語能力と、建築者の言語ゲームのなかで用いられる言語の語彙数という二点にかかわるものである。カベルはまず、建築者たちが命令に従って黙々と作業を続けることについて、次のような違和感を表明する。すなわち、ウィトゲンシュタインの描く建築者たちは四つの語を用いて作業に従事してはいるものの、そこでのやり取りはコミュニケーションと呼べるようなものではなく、「明らかに彼［ウィトゲンシュタイン］は、建築者が彼あるいは彼女の助手に話しかけている（speaking to）、と言うことを避けようとしている」(Cavell 1996, 277)。建築者たちは「たとえば自分たちの仕事について「議論」するために、あるいはかつての仕事を「回想」するために語を用いることができない」（ibid.）状態に置かれており、彼らの言語能力は極端に限定されている。さらにカベルは「われわれはこれを言語とは呼びたくないのではなかろうか。というのも、そのボキャブラリーはあまりに貧弱だからである」（278）と述べ、語彙数がわずか四つに限定された言語を「言語」と呼ぶことについても疑義を差し挟んでいる。

カベルが言うように、十分な言語能力と語彙数を欠いた建築者たちのやり取りは、われわれの現実的な言語使用からはかけ離れたものであるだろう。その一方で助手Bを「子ども」として捉えるなら、四つの語しか話せないという状況もそれほど非現実的なものには映らないかもしれない。こうした視点から、カベルは「子どもの言語には未来がある。とはいえ、これらの語だけをもつ――建築者と助手のような――大人を想像しようとすると、私は彼らをまるで洞窟の男のようにのろまで頭が鈍く、理解力のない者として思い描いていることに気づかされる」(278) と述べ、この原初的言語ゲームの現実性は助手Bの身分によって左右されると論じている。

このように、カベルは言語能力と語彙数の欠如に着目したうえで、助手Bを子どもと見なすのであれば、これらの懐疑はひとまず収束すると考えている。しかしながら、カベルはこの言語ゲームを現実的な教育場面の記述として捉えようとする場合、さらに次のような懐疑が沸き起こるのだと指摘する。カベルのさらなる懐疑は、先に引用した『探究』第六節の内容にかかわるものである。ここでウィトゲンシュタインは、「そのような形をしたものを提示しながら「石板」と言う」(PI 6) ことからなる直示的教示を教授方法として想定し、助手である「Bはその呼び声に応じて運ぶことを学んだ石材を持っていく」(2) のだと論じていた。カベルがここに重ね合わせるのは、生後十五カ月の娘に「子猫」という語を教える日常的な場面である。この場合、娘が「子猫」という語を「知り」、「学んだ」と言えるのは、「私が「子猫」と言って子猫を指し示し、次に娘がその語を繰り返して言い、子猫を指し示す」(Cavell 2000, 23) 時であるだろう。そして「私が知っていることのすべては(彼女はそれ以上に知っているのであろうか）、私が発したのと同じ音声を娘が発し、私が指し示したのと同じものを指し示した」(ibid.)ことに限られる。ところが数週間後、娘は毛皮を指し示しながら、笑顔を浮かべて「子猫」と言う。「私の最初の反応は驚きである。そして、次にはおそらくがっかりしてしまうだろう。娘は「子猫」が本当は何を意味するのかを知ってはいなかったのである」(ibid.)。それにもかかわらず、「私の次の反応はより幸せなものであった。娘は「子猫」という語によって、私が「毛皮」で意味するものを意味していたのだ」(ibid.)。

カベルはこの例を通じて、ウィトゲンシュタインの言う直示的教示や訓練が、必ずしも自明で確実な教授方法ではないことを示唆している。「石板」という語とともに石板を指し示したからといって、子どもが大人の期待通りにその意味を理解してくれるとは限らない。現実的な教育の場面に現れるのは、カベルが描き出しているような、子どもの反応に一喜一憂する大人の姿であるだろう。ここでもまた、原初的言語ゲームの非現実性をめぐる懐疑が提起されているのである。

訓練の問題

カベルが表明していたのは、原初的言語ゲームを現実的な言語ゲームと見なすことへの懐疑であった。なかでもウィトゲンシュタインの言う訓練をめぐっては、これとはまた別の観点から注目すべき批判が投げかけられている。問題とされるのは、次のような記述である。

われわれは、たとえば次のように言うことができるかもしれない。すなわち、人間は教育（訓練）（Erziehung（Abrichtung）/education（training））によって、誰もが x に同じ数を代入すれば、y の値としていつでも同じ数を算出するという仕方で、式 $y = x^2$ を用いるようしむけられるのである。（PI 189）

先に引用した『探究』第五節と第六節のなかで、ウィトゲンシュタインは言語習得以前の子どもの教育に「訓練」という語をあてていた。この引用においても、「教育（訓練）」という形で限定が加えられている。ここでの Abrichtung というドイツ語がもつニュアンスについて、D・C・マカーティは次のように論じている。

教えることと学ぶことについてウィトゲンシュタインが書き、述べたことの多くは、野蛮な雰囲気を帯びている。何人かの研究者たちと同様にそれを文字通りに受け取るなら、教育学についてウィトゲンシュタインが提示する観点は、教えることと学ぶことの極端な行動主義化をもたらすものとなっている。それゆえ、子どもは踊りを教えられる猿のように押し引きされ、服従を強いられることになる。（McCarty 2002, 260）

というのも、Abrichtung はもともと動物に対する調教を意味し、「侮辱ないしは冗談としてのみ人間に対して用いられる」（261）語だからである。マカーティによれば、ウィトゲンシュタインが教育を調教という意味での訓練と見なした理由を明らかにすることこそが、「いまだ解決されていない、解釈上の重要な問題」（262）なのである。[6]

この問題に対して、たとえばカベルは次のように述べることで、訓練概念の曖昧化を図っているように思われる。カベルによれば、たしかに「子どもの訓練は、われわれが出会う大人の建築者の状態へと子どもを麻痺させるプロセスである」ものの、「われわれは、大人すなわち建築者の文化の代表者である男性あるいは女性（おそらく女性も存在するであろう）が「子どもという素材を」鋳型へと流し込む際に、野蛮な手段を取ると想像する必要はない」（Cavell 1996, 294）。なぜなら、たとえ子どもが失敗したとしても、大人は「子どもに話しかけようとしない、子どもに細心の注意を払う、あるいは子どもに対する失望を絶え間なく表現し、悪い子だと彼らに言う」（ibid.）といった手段を講じることができるからである。

こうした解釈を加えることで、たしかにウィトゲンシュタインの描く教育の場面に現実味をもたせることが可能となるであろう。しかしながら、これではマカーティが提起した問題に答えたことにはならない。むしろ訓練概念を曖昧化したことによって、ウィトゲンシュタインがあえて訓練という概念を選んだ理由も同じく曖昧化されてしまうであろう。[7] 次節では原初的言語ゲームの構造的特徴に目を向け、この問題にこたえるための方向性を示したい。

3　教育の言語ゲームの特質

原初的言語ゲームを事実として捉えようとする際に問題となるのは、言語能力、語彙数、直示的教示や訓練の自明性という三つの論点であった。特に訓練の問題について、カベルは訓練概念のもつ「野蛮な雰囲気」(McCarty 2002, 260) を曖昧化することで、かえってウィトゲンシュタインがこの概念に込めた意味をも不明確なものにしてしまっていた。訓練概念については、次の第3章で再び取り上げる。そのための準備作業として本章では最後に、原初的言語ゲームの構造的な特徴について、本書が依拠する立場を明らかにしておきたい。

前節までで見たように、『探究』第二節の言語ゲームからは建築者たちの言語能力や語彙数が取り除かれており、そこには叫び声に応じて石材を運ぶという建築者たちの反応のみが描かれていた。こうした特定の反応を引き起こすための教育手段をウィトゲンシュタインが「訓練」と呼ぶ時、そこにはたしかに行動主義的なニュアンスが強く感じられるかもしれない。そして、ウィトゲンシュタイン自身がこの点に自覚的であったことを次の引用は示している。

「君はやはり、仮面をつけた行動主義者なのではないか。君の主張は根本的には、人間の振舞い以外はすべてが虚構であるということではないか」――私が虚構について述べるとすれば、それは文法的な虚構についてである。（PI 307）

心的出来事や心的状態や行動主義に関する哲学的問題は、どのように生じるのか。――最初の一歩はまったく目立たない。われわれは出来事や状態について語り、それらの本性を未決定のままにしておくのだ。おそらくいつかはそれらについてもっと知るようになるだろう――とわれわれは考える。ところがまさにそのことによって、われわれは特定の観察方法に縛りつけられてしまうのである。というのも、ある出来事をよりよく知るようになるというのがどのようなことなのかについて、われわれは特定の概念を抱いてしまうからである。［……］――そしていまや、われわれの思考を理解可能なものにするはずであったアナロジーが瓦解する。その結果われわれは、まだ探究されていないメディアのなかの、まだ理解されていないプロセスを否定しなければならなくなる。そのため、われわれが精神的な出来事を否定したかのように見えるのである。しかし、当然ながらわれわれは、それを否定したいわけではないのだ。（308）

『探究』第三〇七節に登場する仮想の対話者は、「君はやはり、仮面をつけた行動主義者なのではないか」とウィトゲンシュタインに問いかける。これに対してウィトゲンシュタインは、

「行動主義か反行動主義か」といった二者択一を迫る哲学的問題に、われわれの思考が束縛されていくプロセスを明らかにすることによって、問いそれ自体の解消を目論んでいる。ウィトゲンシュタインによれば、われわれは「特定の観察方法」を無意識的に取り入れているため、「心」や「精神」を当初は未知のメディアとして扱っていたとしても、それらについての特定のイメージや探究方法をすでに思い描いてしまっている。こうした観察方法や「特定の概念」に引きずられて、われわれはいつのまにか「行動主義」――あるいは「反行動主義」――と呼ばれる哲学的な立場へと行き着き、否定するはずではなかった「心」や「精神」を否定するという事態に陥ってしまう[8]。

行動主義か反行動主義かという、不毛な対立にからめとられた「ハエにハエとり壺からの出口を示してやる」(309)ために、ウィトゲンシュタインは言語ゲームの記述という手法を考案した。その際にウィトゲンシュタインが採用したのは、「教える－学ぶ」という観点であった。すなわち、哲学的問題という「霧」(5)が発生する以前の最も原初的な教育の場面から、言語ゲームの記述を開始したのである。とはいえ、この原初的な教育の場面を記述する場合にも、「特定の観察方法」がわれわれの思考を惑わせる危険性は十分にある。それゆえウィトゲンシュタインはまず、われわれの素朴な言語習得観がよく表れているテクストとして、アウグスティヌスの『告白』を参照する。そして、「言語について語るアウグスティヌスが「始めるべきところ」で始めないで、言語以前に存在する思考能力にまで「遡って」しまっている点」

（関口 1995, 163f.）を批判し、そこに密かに持ち込まれていた子どもの思考能力を排除することで、本来の意味で原初的な教育の場面へと立ち戻ったのである。(9)

原初的言語ゲームはこの意味で、哲学的な疑似問題を解消するための哲学的方法という側面をもっている。関口浩喜が指摘するように、「誇張や省略、強調や単純化を加えるという操作を施した、その意味で「あるがまま」ではない記述を与えること」（関口 1996, 263）によって、「そこで用いられている「語の目的と機能とを一目瞭然に見てとる」ことができれば、すなわち「完全な明晰さ」が達成されれば、言語の実際の使用の背後を探り、それを説明したいという衝動は断ち切られることになる」（関口 2009a, 221）。関口が重視するのは、『探究』の次の一節である。

> われわれの明瞭かつ単純な言語ゲームは、将来的な言語規制を目的とした予備研究なのではない。――それはいわば、摩擦や大気の抵抗を計算に入れない最初の近似なのである。これらの言語ゲームはむしろ比較対象として、すなわち類似と相違の両方を通じて、われわれの言語の諸状態に光を投げかけるべきものとして提示されているのである。（PI 130）

ウィトゲンシュタインはここで、原初的言語ゲームが「われわれの言語」とは別物の、人為的に構成された「比較対象」であると述べている。原初的言語ゲームの方法的側面を強調する関口は、たとえば「教える－学ぶ」という対比に基づく柄谷行人の解釈についても、「ウィトゲンシュタイン解釈という観点からすれば、外れていると言わざるをえない」（関口 2009b, 31）との評価を下している。[10]『探究』において、「ウィトゲンシュタインは子供と大人とを連続して捉えているからである。あるいは、子供は「比較の対象」として、「原－大人」として設定されているからである」（ibid.）というのがその理由である。関口の解釈に従えば、ウィトゲンシュタインが教育の場面を描いた意図は、あくまでわれわれの日常的な言語使用を展望することにある。そのため、原初的言語ゲームには「誇張や省略、強調や単純化を加えるという操作」が施され、言語能力や語彙数やコンテクストの多様性といった、われわれの日常言語が当然備えているはずの要素が捨象されている。つまり関口は、原初的言語ゲームを事実として捉えることはできないと論じているのである。[11]

たしかに関口の解釈は、原初的言語ゲームの方法的側面を的確に表現していると言えるであろう。カベルやマカーティの懐疑に対しても、こうした方法的側面のみを強調することによって、説得的な回答を与えることが可能であるかもしれない。すなわち、言語能力や語彙数の極端な不足も、ウィトゲンシュタインがあえて訓練という語を用いた理由も、すべては彼の哲学的意図に基づく方法的操作の結果であると見なすのである。しかしながら本書が依拠したいのは、「原初的言語は単に抽象的な「モデル」として機能するだけではなく、それは人類史の原初的段階にありえたかもしれない、いや幼児の言語習得の場面においては現にありうるような現実的言語なのである」（野家 1993, 199）という野家の解釈である。[12] 野家は、事実概念であると同時に方法概念でもあるという言語ゲームの両義性を指摘した黒田の見解に依拠しつつ、次のように論じている。

それゆえ、こう言うべきであろう。言語ゲームの考察とは、「アポステリオリ」なものが「アプリオリ」として規範的に機能する生成の現場を押さえようとする手だて、あるいは経験的事実が超越論的に機能する逆説的なメカニズムを解明しようとして選ばれた概念装置である、と。ウィトゲンシュタインが言語ゲームの考察において「訓練」や「教育」という契機を重視したのもそれと別の事柄ではない。それは行動主義への傾斜などではまったくなく、むしろ彼が経験的なものと規範的なものとが微妙に交錯する言語習得の現場を過不足なく捉えようとしたことの何よりの証左にほかならないのである。（野家 2007, 358f.）

言語ゲームの記述とは、われわれの営む「アポステリオリ」な事実であると同時に、この事実の生成を可能にする「アプリオリ」なものでもあるという言語それ自体の両義性を、同じ言語という手段によって探究するために編み出された方法である。言語そのものに備わるこの両義性に応じて、言語ゲーム概念もまた事実と方法という二重性をもつことになる。さらに「生活実践の中に埋め込まれた経験的事実」であるとともに、「生活実践にフォルムを与え、それを「構成」する」ものでもあるという言語の両義性は、「子供の言語習得の場面に最もよく見てとることができる」（野家 1993, 201）。というのも、子どもは言語習得を通じて語と対象との経験的な結びつきだけではなく、「新たな「経験の分節様式」」(ibid.) をも身につけるからである。[13] こうした事実ゆえに、ウィトゲンシュタインは「教える－学ぶ」という観点から「言語習得の現場」に目を向け、その最も原初的な場面に見られる言語ゲームを記述したのである。

以上のように、「子どもがそれを通じて自らの母国語を習得するゲームの一つ」（PI 7）としての原初的言語ゲームは決してフィクションではなく、われわれが現実的に行う教育の言語ゲームであると考えられる。たしかにそこにはわれわれ大人の日常的な言語使用の前提となる、言語能力や語彙数といった構成要素が欠けている。その意味で、原初的言語ゲームはわれわれの日常言語を「あるがまま」に記述したものではない。しかしながらこの事実はむしろ、われわれの日常的な言語ゲームと――われわれが同じく現実的に行う――教育の言語ゲームとの差異を示しているのではないだろうか。教育の言語ゲームとして方法的に構築された原初的言語ゲームにおいては、コンテクストに応じて多様でありうる語の意味がただ一つに限定され、子どもには決まった反応を示すことだけが求められる。また対象が言語習得以前の子どもである場合、当の子どもに言語能力を期待することはそもそも不可能である。さらに、教える者の想定とは異なる反応をこの段階の子どもが示すなら、彼もしくは彼女を再び訓練の場へと引き戻さない限り、教育プロセスは一向に先へと進まない。ウィトゲンシュタインが原初的な教育に「訓練」という語をあてる時、そこにはこの原初的なレベルでの教育の仮借なさと同時に、教育の言語ゲームに特有の規範的側面が表れていると考えられる。本書では以上のような構想のもと、訓練概念を曖昧化することなく、教育学的観点からウィトゲンシュタインの後期哲学に整合的な解釈を与えることを目指す。次章ではこの訓練概念を中心に、教育の成立条件に関する考察へと進みたい。

第3章　イニシエーションと訓練

第2章では言語ゲーム概念の方法的、事実的側面について指摘した後、原初的言語ゲームの非現実性や訓練概念の野蛮性に関する議論を紹介した。その際に本書が依拠したのは、原初的言語ゲームをわれわれが実際に行う教育場面の記述として捉える、黒田亘と野家啓一の解釈であった。言語の経験的側面と規範的側面をともに解明するために考案されたのが言語ゲームという概念であり、これら二つの側面は子どもの言語習得の場面に最もよく現れるからこそ、後期ウィトゲンシュタインは「教える－学ぶ」という観点から考察を開始したのである。

本章で扱うのは、この原初的言語ゲームへのイニシエーションをめぐる問題である。序章で確認したように、R・S・ピーターズのイニシエーション論は、教育プロセスの単純化と自明視という理論的課題を抱えていた。この課題にこたえるために、近年の教育学者たちはウィトゲンシュタインの後期哲学をあらためて受容し、それを「言語ゲームへのイニシエーション」

という形で定式化している。しかしながら、なおも単純化と自明視という理論的課題が十分に解消されたとは言い難いのが現状である。本章では、ピーターズのイニシエーション論に「学習のパラドクス」を見出し、これを独自のウィトゲンシュタイン解釈によって乗り越えようとする、M・ラントレーの議論を取り上げる。訓練概念を中心に展開されるラントレーの解釈に批判的検討を加えることで、ウィトゲンシュタインの言う「訓練」の教育学的意義が明らかになるであろう。

1 イニシエーションと学習のパラドクス

言語ゲームへのイニシエーション

第1章2節で論じたように、ピーターズは「イニシエーションとしての教育」という講義のなかで、教育をイニシエーションのプロセスとして捉える見方を提示した。ピーターズがイニシエーション概念の導入によって目指したのは、伝統的な価値の伝達とそれに対するリベラルな批判という二つの側面をともに含むような営みとして、教育を定位することであった(1)。伝統的な意味での教育の課題は、既存の価値や信念といった具体的内容を子どもに伝達することにある。リベラルな意味での教育は、そうした内容に対して批判を行う能力の育成に主眼を置く。

「批判なき内容は盲目であり、内容なき批判は空虚である」（Peters 1965, 104）というピーターズのカント的定式には、両者のバランスを保ちつつ、「教化」や「訓練」とは区別された「教育」の意味を打ち出そうとする彼の意図がよく表れている。(2)

イニシエーションとして教育を捉えるピーターズの教育思想は、これまでもその保守性や論点先取の疑いをめぐる様々な批判にさらされてきた。とりわけ一九八〇年代になると、ピーターズのテーゼにはより根本的な批判が向けられるようになる。宮寺晃夫によれば、ピーターズのテーゼは「人びとをイニシエイトしていく価値体系の安定性を前提にしていたが、この前提がくずれて価値観の多様性をみとめざるをえなくなると、テーゼじたいも成りたちがたくなる」（宮寺 1997, 367）。すなわち、ピーターズにとっては自明の前提であったリベラリズム的価値観が、多様な価値観のなかの一つとして相対化されるやいなや、イニシエーションとしての教育というテーゼもまた理論的基盤を失ったかに思われたのである。

他方で「言語ゲームへのイニシエーションとしての教育」とは、教育学分野のウィトゲンシュタイン研究者たちが提示を試みている教育のモデルである。たとえばP・スマイヤーズは、ウィトゲンシュタインの後期哲学から導き出すことのできる教育モデルを「「言語ゲーム」へのイニシエーション」（Smeyers 1995, 229）と名づけたうえで、次のように論じている。まず、言語ゲームへのイニシエーションを通じて子どもが身につけるのは、相対的な個々の価値観ではない。むしろ「子どもはイニシエーションを通じてこの「生活形式や確実性という」「岩盤」

へと、すなわち倫理的、認識論的、形而上学的、そして宗教的な次元にかかわる最も根本的な諸命題へと「埋め込まれて」いく」(ibid.)。ここでは「岩盤」という比喩とともに、子どもがイニシエートされる価値体系を人間にとってより根本的な事柄として捉え直し、価値観の多様性をめぐる批判を回避することが目指されている(3)。

さらにスマイヤーズとN・バービュラスは、ウィトゲンシュタインの言う生活形式を「常に拡大し変化する一連の文化的実践」として解釈し、生活形式自体がこうした動態的な性質をもつ以上、そこへのイニシエーションはたんに「保守的かつ再生産的」(Smeyers and Burbules 2006, 440)なものではありえないのだと主張する。彼らによれば、「既存の実践へのイニシエーションと、その実践を何らかの仕方で改変することは必ずしも両立不可能ではなく、実際のところ前者は後者にとっての条件なのである」(441)。そして彼らは、「イニシエートされる学ぶ者が最終的に熟達した自律的な実践家となり、既存の実践の内部で自らの役割を果たし、そこに何かを付け加える――おそらくは、その実践におけるさらなる変化に貢献する――ようになった時、訓練は成功したことになる」(ibid.)のだと結論づける(4)。

このように、スマイヤーズとバービュラスは言語ゲームへのイニシエーションという視点に立つことで、伝統の伝達とその批判というイニシエーションの二つの要件をともに満たしつつ、保守性という批判を乗り越えることが可能になると考えている。しかしながら、第2章で論じた訓練という語の原語的ニュアンスにかかわる問題や、ウィトゲンシュタインが用いる訓練概念と教育概念との外延上の差異を考慮に入れた場合、イニシエーションのプロセスすべてを訓練と同一視する彼らの解釈には疑問が残る。(5) さらに、イニシエーションのプロセスに含まれる複雑性や、イニシエーションそのものの成立条件に目を向けていない点で、彼らの解釈にもピーターズと同様の――教育プロセスの単純化と自明視という――理論的問題が見て取れるであろう。この意味で、今井康雄が指摘するように、「『言語ゲームへの導入』といった言い回しは、教育を分析する上で明らかに目が粗すぎるのである」(今井 2006, 105)。

本書は、ウィトゲンシュタインの哲学を通じてピーターズのイニシエーション論の捉え直しを図るという方向性を、スマイヤーズやバービュラスと共有している。しかしながら主に訓練概念の解釈をめぐって、彼らとは袂を分かつことになる。以下では、独自のウィトゲンシュタイン解釈をもとにピーターズ批判を展開するラントレーの議論に焦点を絞り、批判的検討を加える。それによって、ウィトゲンシュタインにおける訓練概念の教育学的意義の解明と、ピーターズのイニシエーション論に内在する理論的問題をウィトゲンシュタイン解釈として整合的な仕方で解消することが、ともに可能になると考えられるからである。まずは、ラントレーによるピーターズ批判の具体的内容を見ることにしたい。

ラントレーのピーターズ批判

スマイヤーズやバービュラスをはじめ、多くの研究者たちがピーターズのイニシエーション論に依拠したうえで、ウィトゲンシュタイン哲学の教育学的解釈を試みているのに対し、ラントレーはピーターズへの批判的な姿勢を貫いている。ラントレーによれば、「イニシエーションの要点は、内容に対処する能力を用いてなされる実践への参与者となるための能力を、子どもに身につけさせることにある」(Luntley 2009, 42)。そして、イニシエーションが実践への参与者となるための能力を子どもに付与する行為であるならば、イニシエーションに先立つ段階の子どもはこうした能力を一切もたないはずである。[6] 事実、ピーターズは「心(mind)をもって生まれる者などいない」(Peters 1965, 102) と述べたうえで、「子どもは柵の外側にいる野蛮人と同じ場所から出発する。ここで問題となるのは、彼らを文明の砦の内側に引き入れ、そこで目にするものを彼らが理解し、愛するようにすることである」(107) と論じている。ピーターズにとって心とは、「公的な言語のなかに保持された、公的な伝統へのイニシエーションの産物」(102f.) にほかならない。したがってイニシエーション以前の子どもに心を想定することは、論理的に不可能なのである。

しかしながらラントレーはまさにこの箇所に、ピーターズのイニシエーション論が抱える「深刻な哲学的問題」(Luntley 2009, 54) を見出している。一方でイニシエーションとは、実践への参与者となるための能力を子どもに付与するプロセスである。他方でこの能力を付与することが可能であるためには、「子どもは参与への誘いに応答し、イニシエーションを受けるための能力を、すでにある程度有しているのでなければならない」(43)。ところが、これは参与者となるための能力にほぼ等しい能力である。すなわち、子どもにある能力を付与するプロセスとしてのイニシエーションは、子どもの側に同程度の能力がすでに備わっていることを前提としない限り不可能であるというパラドクスが、ここで生じてしまうのである。このパラドクスを解決するには、イニシエーションによって付与される能力と、それと同程度の能力との間に質的な差異を設け、後者を前者の前提条件として位置づける必要がある。それにもかかわらずピーターズは、イニシエーションに先立つ心の存在を否定する。ラントレーに従えばピーターズはその結果、このパラドクスを解決できないことになってしまう。

ラントレーが指摘するパラドクスは、いわゆる「学習のパラドクス」をピーターズのイニシエーション論に適用したものである。学習のパラドクスとはJ・A・フォーダー（Jerry Alan Fodor）が著書『思考の言語（*The Language of Thought*）』（一九七五年）で提示したパラドクスであり、それは次のような順序で進む。まず、ある人物はある概念を知っているか知らないかのいずれかであるとする。この時、彼がある概念についてすでに知っているならば、その概念を新たに学習することは端的に不可能である。他方である概念について知らない場合、彼がそれを新たに学習するためには、当の概念によって分類される事物と他の事物とを区別することができなければならない。たとえば、「赤」という概念を新たに学習するためには、ある共通の色をもつひとまとまりの事物を、ほかの色をもつ事物から区別することができなければならない。さもないと、彼は「赤」という概念が何を意味するのかを知らないままに、「赤」というラベルのみを学習したことになってしまう。しかしながら、ある事物の色彩上の特徴を区別することがすでにできるのならば、彼は「赤」という概念の学習に先立って、その概念の意味を知っていたのだということになる。したがっていずれの場合にも、概念を新たに学習することは不可能である。以上のパラドクスに対する解決策として、フォーダーは「思考の言語」、すなわち概念の生得説を提示した。そしてラントレー自身もまた、フォーダーと同様の方向へと議論を進めていくのである。(7)

学習の合理主義理論

学習のパラドクスに対する解決策として、ラントレーは概念学習とそれに先立つ区別の能力との間に質的な差異を設け、後者を概念学習の基盤と見なす学習モデルを提示する。彼が自ら「学習の合理主義理論」と名づけるこのモデルは、生得的な「心的装置（mental equipment）」（Luntley 2008a, 3）を子どもの側に想定し、「当初から自律的な判断主体」(4) として子どもを特徴づけようとするものである。ラントレーによれば、子どもにはもともと「情緒的な（affective）状態に対処する能力」(9) が備わっている。子どもは概念学習以前のこの能力を用いて、自らにとって「最も心地よいものや喜びや満足などを与えてくれる状態を選択する」（ibid.）。ラントレーはこの情緒的な選択能力こそが概念学習の基盤であると主張し、それを根拠に学習のパラドクスを解決しようとするのである。

ラントレーが指摘するように、ピーターズはたしかに心を言語習得の事後的な産物として捉えており、「心をもって生まれる者などいない」（Peters 1965, 102）という彼の主張は、この前提からの当然の帰結であると言える。もちろんピーターズも、「信念（beliefs）、欲求（wants）、感情（feelings）に分化する以前の意識（awareness）」（ibid.）が子どもに生得的に備わっていることを否定してはいない。しかしながらピーターズにとって重要なのは、信念や欲求や感情といった個々の要素があくまで「公的世界に存在する様々なタイプの事物と内的に関連」（ibid.）しているということである。個々の要素に分化する以前の意識は、「心」と呼べるようなものではない。ピーターズにとって心とは、イニシエーションによって言語を身につけ、公的世界の諸対象に言語的あるいは身体的反応を示す子どもに対し、事後的にその存在が承認される概念だからである。

しかしそうであるからこそ、ピーターズの言う心以前の意識では、ラントレーの理論的要求を満たすことはできない。ラントレーの立場からすれば、学習のパラドクスの発生を抑えるためにも、子どもには未分化の意識以上の「すでに洗練された一連の能力」（Luntley 2009, 47）があらかじめ備わっていなければならない。それゆえラントレーは、分化以前の意識のみを子どもの生得的な能力として認めるピーターズとは異なり、より分化の進んだ生得的能力を要請する。ラントレーの合理主義理論が学習のパラドクスを解決しうる理論として成立するためには、まさにピーターズとは反対に、「人間は心をもって生まれる」（54）ことを前提としなければならないのである。

以上のような内容からなる学習の合理主義理論を、ラントレーはウィトゲンシュタインの哲学に依拠したうえで構築している。[8] そして彼のウィトゲンシュタイン解釈は、訓練概念に関する独自の理解に基づいている。次節では、訓練概念をめぐるラントレーの解釈とJ・スティクニーによる批判を検討し、ラントレーのウィトゲンシュタイン解釈の特徴とその問題点を整理する。

2　訓練をめぐる対立

スティクニーのラントレー批判

訓練概念の解釈をめぐるスティクニーの批判は、ラントレーの論文「学習、エンパワーメント、判断」（二〇〇七年）に対して向けられたものである。この論文のなかでラントレーは、認知科学の成果を参照しながら、従来の分析的教育哲学が依拠していた「訓練による学習（learning by training）」と「推論による学習（learning by reasoning）」との区別はもはや維持できず、推論による学習のみが唯一ありうる学習形態なのだと主張する（Luntley 2007, 418）。ここでの訓練による学習とは、「他者によって決められた、心や振舞いの習慣を身につけること」

（ibid.）を意味する。それに対して推論による学習とは、「何をするか、どう考えるかを生徒自身が考案する学習」であり、「根本的に批判的なもの」（ibid.）であるとされる。ラントレーによれば、「語の学習は言語習得の最も初期の段階のそれでさえ、推論による学習の一事例」（421）であり、さらにこの主張は「経験的な証拠によって強固に裏打ちされている」（422）。

こうした見解を、ラントレーはウィトゲンシュタインの後期哲学から導き出している。その背景には、認知科学の知見に沿う形でウィトゲンシュタインを解釈し、その教育学的意義を積極的に打ち出そうとする意図がある。ここからラントレーは、ウィトゲンシュタインが訓練による学習という考え方を提示しているように見えることは認めつつも、それは誤解であり、「たとえ最も単純な言語に関してでさえ、ウィトゲンシュタインは推論による学習について言及しているのだと捉えることが最も理にかなっている」（422）と主張する。そして最終的に、子どもは当初から「推論能力、すなわち自分自身と他者を理解するために、自らの振舞いを方向づけ組織化する能力をもつ主体」（429）として特徴づけられる。

これに対してスティクニーは、論文「ウィトゲンシュタインの後期哲学における訓練と技術のマスター――マイケル・ラントレーへの応答」（二〇〇八年）のなかで、次のような批判をラントレーに向けている。スティクニーによれば、訓練による学習と推論による学習の区別、訓練の担う役割の軽視、経験的研究への依拠という三つの論点からなるラントレーの議論は、いずれも不首尾に終わっている。ラントレーは特に「推論による学習は、訓練に概念的に依存する」（Stickney 2008, 679）という点を見逃してしまっており、ここからスティクニーは、「ウィトゲンシュタインが「訓練」という語をどのように用いたかに注目すれば、ラントレーも学習における訓練の重要な役割を見過ごさずにすんだであろう」（680）と断じている。スティクニーはさらに、ウィトゲンシュタインの言う訓練を次のように解釈する。まず、ウィトゲンシュタインは「われわれが実際に、いかにして生徒を規則に従うことへと規範的に訓練し、イニシエートするのかを明らかにしている」（684）。そして、訓練は「規範的なパターンへと生徒を誘い込む」（686）ための重要な手段なのであり、ラントレーが行ったような「「訓練」に対する懐疑的な扱いは、この概念が担う文法的な重要性を取り逃がしてしまう」（692）。つまり、「訓練はウィトゲンシュタイン哲学のなかで（また教育においても）一定の役割を担っている」（ibid.）という事実を、ラントレーは認識しそこねているのである。

訓練概念の規範性を強調するスティクニーの批判は、ウィトゲンシュタイン解釈としてきわめて正当なものである。しかしながらスティクニーのこの批判を受けてもなお、ラントレーは自説を覆してはいない。論文「訓練と学習」（二〇〇八年）においてもラントレーは、訓練概念の実質的な意味内容を推論による学習として捉えることが、ウィトゲンシュタイン解釈として最も合理的であるとの立場を堅持している。そのうえでラントレーは、訓練概念の恣意的な解釈に基づく研究者たちの議論を「ピントがぼやけた訓練モデル（blurred-picture model of training）」（Luntley 2008b, 699）と名づけ批判する。

第1章2節でも論じたように、ラントレーによるこの批判の背景には、Abrichtungという訓練の原語的意味に関連した次のような問題がある。この原語は動物の「調教」といったニュアンスを強くもち、侮辱や冗談としてのみ人間について用いられる。またこの意味での訓練は、因果的反応の誘発を目的とした条件づけの域を超え出るものではない。しかしながら、たんなる条件づけとしての訓練のみによっては、言語によってなされる「説明を理解するための能力」(701)、すなわち「理由への応答が可能となるための土台を提供することができない」(700)。さらに調教としての訓練をウィトゲンシュタインの言う教育と同一視してしまうと、ウィトゲンシュタインの哲学からは、「教授(teaching)に関する示唆的なモデルがまったく得られないことになる」(ibid.)。ラントレーに従えば、訓練概念の原語的意味を曖昧にしている限り、他の研究者たちの解釈にはこうした事態に陥る危険性が常につきまとう。これに対して、訓練概念の実質的な意味内容を推論による学習として解釈するラントレーは、それが可能となるための一定以上の生得的能力を認めないという理由から、ピーターズを批判するのである。

問題点

ウィトゲンシュタインの言う訓練を「推論による学習」として解釈するラントレーの学習の合理主義理論には、次のような利点がある。まず、子どもの推論能力を前提とすることによって、学習のパラドクスを回避することができる。そして、推論による学習に批判的要素をもたせることで、伝統のリベラルな批判というイニシエーションの第二の要件を満たすことが可能となる。さらに、認知科学の成果に基づくラントレーのウィトゲンシュタイン解釈は、イニシエーションのプロセスすべてを訓練概念で説明しようとするスマイヤーズとバービュラスの解釈よりも、経験的な説得力をもつと考えられる。

以下本章では、ラントレーのウィトゲンシュタイン解釈に抗する形で、訓練概念の意味と意義を明らかにしていきたい。しかしここで注意する必要があるのは、ラントレーのウィトゲンシュタイン解釈が、一見するよりも入念に組み立てられているということである。ラントレーは、たしかに「心的装置」という語を用いてはいる。とはいえそれが具体的に意味するのは、情緒的なレベルでの選択能力にとどまっている。この能力はピーターズの言う意識以上のものではあるが、生得的な言語能力としての心を意味してはいない。仮にラントレーの言う心的装置が言語習得に先立つ言語能力を意味しているのであれば、本書の第2章2節でも取り上げた、ウィトゲンシュタインによるアウグスティヌス批判がそのまま彼にも当てはまるであろう[2]。すなわち、アウグスティヌスは第一言語学習を第二言語学習と混同し、「子どもはすでに考えることはできるが、話すことだけがまだできないかのように」(PI 32)、第一言語学習の場面を記述したという批判である。しかしながら、ラントレーは必ずしもアウグスティヌスと同様の誤謬を犯しているわけではない。なぜなら、彼が心的装置という語で意味するのは、あくまで言語能力以前の情緒的な選択能力にすぎないからである。それゆえ彼にとって、「フォーダーは臆することなく、第一言語の学習を第二言語の学習と類比的に扱っている。しかしわれわれはフォーダーのこの虚構に与することなく、合理主義のテーゼを受け入れることができる」(Luntley 2008b, 701) と述べることに、何ら問題は存在しない。

他方で——それが具体的にどのようなものであれ——心的装置なる説明項を用いて子どもの言語習得を因果論的に説明し、言語習得理論を構築しようとしている点に、ウィトゲンシュタイン解釈としての問題点を見出すことはできるであろう。ラントレーの戦略は、「われわれの考察は科学的なものであってはならない [……]。いかなる理論も構築してはならない」(PI 109) とし、「あらゆる説明 (*Erklärung/explanation*) が捨てられ、記述 (Beschreibung/description) だけがその代わりになされなければならない」(ibid.) と論じるウィトゲンシュタインとは、基本的な方向性を異にしているように思われる。言語ゲームの記述に徹したウィトゲンシュタインにとって、記述の目的は「経験的な問題ではなく」、「哲学的な問題によって与えられる」(ibid.)。そして哲学的問題は、「新しい経験を持ち出すことによってではなく」、「われわれの言語の働きを洞察することによって解決をみる」(ibid.)。このように述べるウィトゲンシュタインからすれば、経験科学の知見に基づく言語習得理論の構築を図るラントレーの試みは、「解決の前段階にすぎないかのように見えるものを、解決として承認すること」(Z 314) に失敗した事例として映るであろう。[10]

とはいえ、たとえウィトゲンシュタインのモチーフとは相容れないものであったとしても、ラントレーの合理主義理論がそれ自体、一つの理論としての整合性を保っていることは事実である。そのうえ彼の理論は独自のウィトゲンシュタイン解釈に基づきつつも、ピーターズのイニシエーション論が抱える理論的問題を解決することに、成功しているように思われる。したがって、スティクニーにならってウィトゲンシュタイン解釈上の問題点をいくら指摘しても、それだけではラントレーの合理主義理論そのものを反駁したことにはならないであろう。むしろ、ラントレーとは異なるウィトゲンシュタイン解釈に依拠した場合に、イニシエーション論の理論的問題をいかなる仕方で解消しうるかが問われなければならない。

こうした観点から眺めた際に、ラントレーの合理主義理論の根本的な特徴として浮かび上がるのは、それがきわめて個人主義的な学習モデルに基づいているということである。ラントレーの理論において、子どもは自らの振舞いの正誤を自分自身で判断し、イニシエーションのプロセスに参与することのできる、自律的な判断主体として描かれている。そして、この個人主義的な学習モデルを支えているのが、訓練概念の実質的な意味内容を推論による学習として理解する、ラントレー独自のウィトゲンシュタイン解釈なのである。

これに対して本書では、ウィトゲンシュタインの後期哲学における訓練概念の再解釈を通じて、ピーターズのイニシエーション論が抱える理論的問題を、ラントレーとは異なる仕方で解消することを試みる。その際に注目したいのは、次の二点である。第一に、言語ゲームへのイニシエーションの本質的な意義は、それが他者との関係性によって成り立つことにある。この点に着目することで、ラントレーの提示する個人主義的な学習モデルではなく、他者との教育的関係性に基づくモデルをウィトゲンシュタインの哲学から導き出すことが可能となる。第二に、ウィトゲンシュタインにおける訓練概念もまた、訓練を行う他者の存在を前提としている。訓練の際に「教える者」（PI 6）が担う役割を明らかにすることで、訓練概念の意味内容を推論による学習として解釈する必要性はなくなるであろう。以下ではまず、訓練概念の成立経緯について確認したい。

3　訓練の原初性

説明と訓練

ウィトゲンシュタインが原初的な教育を「訓練」と呼んだ背景には、中期から後期に至るまでの次のような経緯がある。言語をどのように「教えることができるのか」（PI 9）、またわれわれはそれを「どれほど多様な仕方で学ぶのか」（35）という問いを通じて、言語の働きを「展望」（122）しようとしたウィトゲンシュタインにとって、教育に関する記述はその最も原初的な地点から開始されねばならない。[11]しかしながら『哲学的文法』（一九六九年）の中期ウィトゲンシュタインは、「直示的説明」（PG 24）から記述をはじめていた。直示的説明とは、たとえば「これを「赤」と言う」(ibid.)と言って赤い事物を指し示す行為のことである。これに対して後期ウィトゲンシュタインは、一見単純に思われるこの行為に、実際には様々な問題が含まれていることを明らかにする。一方で、直示的説明を理解するには一定以上の能力が必要である。すなわち、言語による説明を理解するには、子どもは「すでに何らかのことを知っている(あるいは、できる)のでなければならない」(PI 30)。しかし他方で、直示的説明は子どものこうした能力を前提とするからこそ、「いかなる場合にも、あれこれ解釈されうる」(28)。つまり、子どもの側に一定以上の能力を想定することで、かえって解釈可能性という問題が生じてしまうのである。

この点についてH・J・グロックは、「いかなる説明も、誤解や疑いが生じるわずかな可能性さえ未然に防ぐことはできないとする点で、ウィトゲンシュタインは正しい」(Glock 1996, 114)と指摘する。たしかに直示的説明の解釈可能性は、大人である「われわれ」が日常的な言語ゲームを行う際にはたいした問題にならないであろう。誤解のないコミュニケーションなどありえず、それはいつでも修正可能だからである。しかしながら、伝達の不確かさを日常的な言語ゲームと共有しつつも、「コミュニケーション一般においてはほとんど不都合が感じられないこの不確かさを、克服すべき困難として捉えるような構造を持っている」(今井 2008, 128)のが教育の言語ゲームであるとすれば、この解釈可能性は教育学的に重大な問題となるにちがいない。そして、これを修正可能な誤解として承認するためには、直示的説明にさらに先立つ教育の起点を見出す必要がある。

ここで説明によらない最も原初的な教育のあり方として現れるのが、訓練という概念である。この概念は、後期に差しかかる頃に書かれた『茶色本』（一九五八年）のなかで本格的に導入される。[12] そこでウィトゲンシュタインは、先に見た建築者の言語ゲームを考案した後で、次のように述べている。

> 子どもは大人からその使い方を訓練されることによって、この言語を学ぶ。私は「訓練される」という語を、ある特定の物事を行うように訓練される動物についてわれわれが語るのと、厳密に類比的な仕方で用いている。それは、事例、褒美、罰といった手段によってなされる。（BB 77）

ここで想定されているのは、言語習得以前の動物的自然のみをもつ段階の子どもである。そして『探究』では、「訓練の一つの重要な部分を構成する」（PI 6）ものとして、「教える者が対象を指し示し、子どもの注意をその対象に向け、その際ある語を言う」ことからなる「語の直示的教示」（ibid.）が新たに考案される。直示的教示を構成するのは実例と指し示す行為と語のみであり、直示的説明にはあった「これを……と言う」や「これが……である」といった定義文はもはや存在しない。すなわち、説明に必然的に含まれる解釈可能性とその前提となる一定以上の能力を排除し、記述を最も原初的な教育の場面からはじめるために、ウィトゲンシュタインは調教という意味での訓練概念を導入したのである。

J・シュルテによれば、訓練は次の二つの意味で、もはやそれ以上の説明が不可能な「岩盤(Felsen/bedrock)」(217)をわれわれに提供する。「第一に、訓練のなかで学ばれる使用は、それについて問うことが不可能な種類のものである。すなわち、訓練というコンテクストのなかで、意味ある仕方で「なぜ」と問うことはできない。[……]第二に、訓練に際しての学びは、われわれの生得的能力と結びついている」(Schulte 1992, 107)。シュルテはこの生得的能力を「人間本性(human nature)」(ibid.)とも表現しているが、次節で見るように、それはあくまで身体的反応や振舞いといった動物的自然のレベルを意味しているにすぎない[13]。ラントレーとは異なり、ウィトゲンシュタインはピーターズの言う意識以上の洗練された能力を要請してはいないのである。

このように、ウィトゲンシュタインは説明概念との対比を通じて、教育の最も原初的な場面を訓練の次元に見出した。訓練概念を動物に対する調教と「厳密に類比的な仕方で」用いるよう要請するのも、教育の起点が子どもの動物的自然への働きかけにある点を浮き彫りにするためであると考えられる。これを次のように言い換えることもできるであろう。すなわち、鉱物や植物とは異なり、動物は調教が可能である。このことは経験的事実であると同時に、「動物」に関する概念的事実でもある。それゆえ、子どもの動物的自然に働きかける訓練に「失敗」はありえない。訓練の成否を問うことはそれ自体、邦訳の「訓練」、英訳の training がもつ日常的なニュアンスに引きずられ、「ピントがぼやけた訓練モデル」（Luntley 2008b, 699）を暗黙的に受け入れてしまっていることの証左である。ウィトゲンシュタインの言う訓練はむしろ、その失敗が教育可能性の否定、あるいは「狂人（mad）」（LFM 203）としての排除を意味するような、われわれにとってそれ以上さかのぼりえない岩盤を形成する行為なのである。

教育の起点としての訓練

後期ウィトゲンシュタインにおける訓練概念は、人間と動物との厳密な類比に基づいている。両者は身体的反応を示す点で共通し、言語能力の有無という点で相違する。ウィトゲンシュタインはこうした反応や振舞いを、人間にとって「原初的（primitiv/primitive）」（Z 540）なものとして捉えている。この「原初的」という語の意味について、ウィトゲンシュタインは次のように論じている。

> しかしながら、ここでの「原初的な」という語は何を言おうとするものなのだろうか。それはおそらく、その振舞い方が前言語的（*vorsprachlich/pre-linguistic*）であるということである。すなわち、ある言語ゲームがそのうえに基づくものであり、ある思考法の原型なのであって、思考の結果生じたものではないということである。（541）

誰かが痛みを感じているのは確実であるとか、彼が痛みを感じているかを疑うといったことは、他の人間に対するきわめて多様な自然的、本能的諸関係に属している。そして、われわれの言語はたんにこの振舞いの補助手段であり、延長であるにすぎない。われわれの言語ゲームは原初的な振舞いの延長なのである。(なぜなら、われわれの言語ゲームは振舞いなのだから。)(本能。)(545)

ウィトゲンシュタインはこのように、たとえば「痛み」を感じた際にわれわれが示す身体的な反応や振舞いを、「前言語的」なものとして捉えている。ウィトゲンシュタインがこれらの前言語的な要素に着目するのは、「われわれの言語はたんにこの振舞いの補助手段であり、延長であるにすぎない」からである。そして、われわれはこの前言語的な身体的反応のレベルで一致する。[14] いわば「言語の限界」の先にある、前言語的な振舞いとしての動物的自然こそが教育の可能性を支えているのであり、それゆえウィトゲンシュタインは調教という意味での訓練を教育の起点に位置づけたのである。

われわれのこうした原初的な反応に依拠してなされる訓練は、同じく「原初的な形式の言語」(PI 5)を用いて行われる。ここでは再び、第1章2節で検討した建築者の言語ゲームの構造に目を向けたい。この原初的言語ゲームを構成するのは、建築者Aと助手B、「台石」、「柱石」、「石板」、「梁石」という四種類の語、それぞれの語に対応する石材のみであった。この原初的言語ゲームにおいて、建築者にはこれら四つの語のうちいずれかの語を叫び、助手にはその語に応じた石材を運ぶことだけが求められていた。そしてウィトゲンシュタインは、この言語ゲームを「完全な原初的言語」(2) と見なすようわれわれに要請していた。関口浩喜が指摘するように、ここでの「「完全性」とは、「目的」という概念と相対的に規定される概念である」(関口 1995, 159)。たとえば「石板」という語の使用目的は、枚数を数えることや材質について報告することなど実際には様々でありうるが、この原初的言語ゲームでは石板を運ぶというただ一つの行為に限定されている。子どもは訓練を通じて、まずはこうした原初的言語ゲームへとイニシエートされる。

訓練による原初的言語ゲームへのイニシエーションは、「そのような形をしたものを提示しながら「石板」と言う」(PI 6) 直示的教示によってはじめられる。しかしながら先に見たように、それは訓練の「一つの重要な部分」(ibid.) であるにすぎない。直示的教示は「語と物との間に一つの連想的な結びつきを作り出す」(ibid.) 行為でしかなく、この語と結びつきうる反応は様々である。その一方で、ここでの石板という語の「正しい」使用は、建築者の言語ゲームという原初的言語ゲームの完全性にしたがって、石板を運ぶことに限定されている。すなわち、子どもはそれ以外の語や反応ではなく、「**このような**活動を行い、その際**このような**語を用い、**このように**して他者の語に反応するよう教育 (erziehen/educate)」(ibid.) されなければならない。

　ここで必要となるのが、特定の反応の誘発を直示的教示の目的として設定する行為である。繰り返し述べているように、「石板」という語の目的はコンテクストに応じて多様であり、「語を聞くと、物の像が子どもの心に浮かび上がってくる」ことが「その目的でもありうる」（ibid.）。とはいえ、それは建築者の言語ゲームの目的ではない。そして、「石板」という語の目的を石板の運搬というただ一つに定める行為を、ウィトゲンシュタインは「教授（Unterricht/instruction）」（ibid.）と名づけている。訓練による原初的言語ゲームへのイニシエーションは、単独では語と物との間に連想的な結びつきを作り出すにすぎない直示的教示が、「ある特定の教授を伴うことによってはじめて可能となる」（ibid.）。また同時に、子どもに石板を指し示しながら「石板」と言う、という同じ直示的教示であっても、「異なった教授を伴えば、まったく異なった理解が生じる」（ibid.）ことになる。

　さらに訓練による原初的言語ゲームへのイニシエーションが成立するためには、この言語ゲームに習熟し、子どもの示す反応の正誤を判別することのできる、「教える者」（ibid.）の存在が必要不可欠である。教える者はこの意味で規範性を備えた他者であり、訓練を通じて子どもの動物的自然を正しい方向へと導いていく。M・ウィリアムズが指摘するように、この訓練の際に「認知的能力を行使するのは大人」（Williams 2010, 80）であり、子ども自身が自律した判断主体である必要はない。ここには、すでに十分な能力と規範性を備えた「熟達者が背景となる能力を提供し、子どもは語の使用の訓練を受けるという、重要な認知的分業（cognitive division of labor）が存在する。そうであるための能力をもつに先立って、子どもは言語的なパートナーとして扱われるのである」（105）。

ウィリアムズの言う認知的分業のもと、子どもは訓練による学習を通じて、まずは原初的言語ゲームへとイニシエートされる。ここでの訓練それ自体はあくまで動物的自然に働きかける行為であり、調教や条件づけのレベルを超え出るものではない。したがって、S・カベルのように訓練概念を曖昧化する必要も、ラントレーのようにその実質的な意味内容を推論による学習として解釈する必要もない。さらに訓練は、言語習得以前の子どもの動物的自然を規範性へと導くことのできる、自律した判断主体としての教える者がいてはじめて成立する。[15]原初的言語ゲームへのイニシエーションは、この教える者の洗練された能力と子どもの動物的自然に基づく訓練によって可能となるのであり、ここに子どもの能力をめぐる学習のパラドクスが発生する余地は存在しないのである。

以上のように、ウィトゲンシュタインの哲学からは、教育的関係性に基づく言語ゲームへのイニシエーションという観点を導き出すことができる。言語ゲームへのイニシエーションは、建築者の言語ゲームのような原初的言語ゲームへのイニシエーションによって開始される。原初的言語ゲームへのイニシエーションは教える者との認知的分業に基づく訓練を通じて行われ、そこで子どもが示す反応は、教える者の規範的判断に従って正しい方向へと導かれていく。[16]ここで必要となるのは子どもの動物的自然と教える者の洗練された能力であり、子どもの側の洗練された能力は言語ゲームへのイニシエーションの前提条件とはならない。したがって、学習のパラドクスの発生を招くことなく、言語ゲームへのイニシエーションをはじめることが可能となる。学習のパラドクスもまたラントレーの合理主義理論と同様に、個人主義的な学習モデルを暗黙の前提としたうえで構成されているのである。

ピーターズとウィトゲンシュタインはともに、意識以上の生得的能力の存在を否定する。両者にとってラントレーが要求するレベルの能力は、子どもが正しい反応を示した後で事後的に認められるものでしかないであろう。しかし他方で、両者は訓練に関して異なった見解を示している。ピーターズは教育概念を訓練概念から区別したうえで、前者をイニシエーションとして特徴づけていた。これに対してウィトゲンシュタインは、訓練を教育の起点に位置づけている。ウィトゲンシュタインに従えば、訓練によってはじめて言語ゲームへのイニシエーションを開始し、子どもの反応を正しい方向へと向け変えることが可能となる。つまり訓練は、説明に論理的に先立つだけでなく、子どもの動物的自然を規範性へと導くために必要不可欠なプロセスなのである。

その一方で、訓練はあくまで言語ゲームへのイニシエーションの起点であるにすぎない。他者との教育的関係性に基づく学習モデルに依拠した場合、伝統の批判というイニシエーションの第二の要件をいかにして満たしうるかが重要な問題として残される。この問題を問うことは、自らが伝統として習い覚えた他者の言語に対して批判的態度をとることの可能性を、つまりは自我と自らの言語との関係性を問うことに等しい。この点については、第7章で一定の見通しを得ることが可能となるであろう。次章では言語ゲームへのイニシエーションのプロセスを一歩先に進め、直示的定義の場面へと考察の場を移すことにしたい。

第4章　言語・事物・規範性

第3章ではM・ラントレーの学習の合理主義理論をてがかりに、後期ウィトゲンシュタインにおける訓練概念の教育学的意義について考察した。その結果、子どもの動物的自然に働きかける行為としての訓練は、原初的言語ゲームへのイニシエーションを開始するうえで必要不可欠なものであることが明らかとなった。ウィトゲンシュタインにとって訓練とは、それを否定することが教育可能性そのものの否定を意味するような、われわれにとって最も原初的な教育の起点なのである。

本章では、訓練によって開始される言語ゲームへのイニシエーションのプロセスを一段階先へと進め、「これを「赤」と言う」と言って赤い事物を指し示す「直示的定義」の場面を取り上げる。具体的な考察対象となるのは、第3章でも言及した定義文の解釈可能性によって引き起こされるパラドクスである。以下ではこの「直示的定義のパラドクス」の構造を明らかにした後、懐疑論的パラドクスをめぐるS・カベルとJ・マクダウェルの解釈について検討する。カベルの実存論的解釈とマクダウェルの治療的解釈にともに批判的検討を加えることによって、教育の言語ゲームに特有の規範的構造が浮かび上がるであろう。

1　直示的定義のパラドクス

ウィトゲンシュタインと懐疑論

ウィトゲンシュタインの名と懐疑論とを結びつけた著作としてまっさきに挙げられるのは、S・A・クリプキの『ウィトゲンシュタインのパラドクス』（一九八四年）であろう。(1) クリプキが提起した懐疑論的パラドクスは研究者たちの論争の的となり、一方では懐疑論を人間の実存的条件として位置づけるカベルの解釈が、他方ではそれを治療可能な思考の病であると診断するマクダウェルの解釈が生まれ、それぞれ独自の理論的展開をみている。注目すべきなのは、『探究』で描かれる教育の言語ゲームを目にした際にわれわれが抱くであろう不安と恐怖を、カベルもマクダウェルも共有しているということである。(2)

ウィトゲンシュタインの描く教育の場面は、教育への不安を抱かせるのに十分なインパクトをもっている。そこに登場するのは、たとえば「＋2」という命令に当初は難なく従っていたにもかかわらず、１０００を超えた時点で突然「１００４、１００８、１０１２」と書きはじめ、それでもなお自分は命令に従っているのだと主張してやまない子どもである（PI 185）。このような「狂気の子ども」（Cavell 1994＝2008, 36＝68）を目にした際にわれわれが示す反応は、こうした子どもが現実にはまず存在しないという経験的事実に訴えて、その虚構性を突くといったものであるだろう。あるいは、「狂気」という名の他者性を子どもに付与し、常に教える者の思い通りになるとは限らない、教育の原理的なコントロール不可能性を説くことであるかもしれない。前者の立場はウィトゲンシュタインの描く教育場面を虚構であるとして拒否し、後者の立場はそれを文字通りに受け取ることで、教育の困難性に焦点を当てているが、いずれもウィトゲンシュタイン自身の哲学的意図にはそぐわないように思われる。

以下本章では、ウィトゲンシュタインが『哲学的文法』と『探究』で描いた「直示的定義」の場面を具体的な分析対象として選択し、そこからいかなるパラドクスが発生しうるのかを解明する。さらに、懐疑論的パラドクスに対するカベルとマクダウェルの解釈に批判的検討を加えることで、教育の言語ゲームの特質を明らかにしていきたい。

直示的定義と指示

「直示的定義」という概念は中期ウィトゲンシュタインの『哲学的文法』に登場し、子どもに基礎的な語を教えるための一方法として想定されている。直示的定義は、事物、指し示す行為、「これを……と言う」や「これが……である」といった命題形式の三つからなる。『哲学的文法』においては、赤い紙きれを指し示しながら「これを「赤」と言う」（PG 24）と発話する、といった例が挙げられている。この概念の成立背景には、『論考』で提示した言語観に対するウィトゲンシュタイン自身の反省がある。中期ウィトゲンシュタインは、世界と言語とが一対一に対応した『論考』の指示説的言語観を「素朴な言語哲学」（19）であるとして退ける。そして、言語に関するより包括的な探究を目指して直示的定義という概念を設定し、「「この語はどのように学ばれるのか」、「子どもがこの語を用いるための教授を、人はどのようにはじめるだろうか」」（Gasking and Jackson 1967, 54）という問いを立てるのである。

ところで、「指示（reference）」という概念については、これまでも言語哲学の分野で様々な議論がなされてきた。B・ラッセルに代表される「記述説」とクリプキの展開する「因果説」が大きな二つの流れとして挙げられるが、(3) 言語と物との結びつきをめぐってなされる哲学的議論に対し、日常的観点からその不毛さを糾弾することも可能であろう。なぜなら、「われわれが実際の言語活動をするとき、語とそれが指示する対象などといったことには通常気を配らない」（中村 2004, 42）からである。

たしかに、たとえ哲学者の求める「意味」なるものが判明せずとも、日常生活におけるコミュニケーションは滞りなく進行するであろう。しかしながらここでカベルにならって、次の問いが問われなければならない。すなわち、「このわれわれとは誰のことか」（Cavell 1994＝

2008, 7＝23）という問いである。われわれの日常的な言語ゲームにおいては、名と対象との結びつきといった事柄が問題になることはめったにない。ここで想定されている「われわれ」とは、すでに言語を習得し、日常生活を難なく営むことのできる存在としての大人だからである。しかしながら、言語それ自体が教育内容として対象化された教育の言語ゲームにおいては、円滑なコミュニケーションを前提にすることは不可能である。なぜならそこに現れるのは、日常的な言語ゲームを行うのに十分な言語を習得していない存在としての子どもだからである。

後期ウィトゲンシュタインは中期に引き続き、言語をいかにして「教えることができるのか」（PI 9）、またわれわれはそれを「どれほど多様な仕方で学ぶのか」（35）という問いを軸に考察を進める。そして、言語と物との結びつきといった、日常的な言語ゲームのなかでは何ら問題にならない事柄が、教育の言語ゲームにおいてはある種の困難を引き起こすことを明らかにしている。次節では『探究』の該当箇所をてがかりに、直示的定義の場面で発生するパラドクスの構造を確認する。

背景的知識と解釈可能性

「直示的定義のパラドクス」は、二つの要件から構成される。第一の要件である背景的知識の必要性を端的に表しているのが『探究』の次の一節であり、ここで直示的定義には『哲学的文法』とは異なる位置づけがなされている。

直示的定義が語の使用――意味――を説明すると言えるのは、その語が言語のなかで一般的にどのような役割を担うのかがすでに明らかな場合である。［……］名称について問うことができるためには、すでに何らかのことを知っている（あるいは、できる）のでなければならない。（PI 30）

直示的定義は「直示的説明」(6) とも言い換えられ、両者は同義的な意味で用いられる。『探究』の後期ウィトゲンシュタインはこの引用のなかで、「説明」とは「問い」の対概念であり、子どもの側に問うための言語能力があってはじめて、直示的定義は説明として機能するのだと述べている。関口浩喜によれば、直示的定義から教育プロセスの記述をはじめた『哲学的文法』の中期ウィトゲンシュタインは、「この「説明の文法」に気付いていなかった」（関口 1990, 41）。しかしながら、「直示的定義が言語習得の起点に登場する可能性を認めたまま、すなわち、直示的定義が言語をまだ習得していない子供に対しても与えられる可能性を認めながら、一方でその理解には言語に関する多くの知識が要求される、と主張するのは明らかに無理」（42f.）であろう。これに対して後期ウィトゲンシュタインは、直示的定義という一見単純な教授方法が、実際には多くの背景的知識を要求する複雑な行為であることを認識する。たとえば、「これを「赤」と言う」といった説明を理解するためには、「これ」という指示語や、

「これを……と言う」という定義文の機能をすでに知っているのでなければならない。つまり、一定以上の知識を前提にしている以上、直示的定義は教育の起点にはなりえないのである[4]。たしかに、直示的定義を教育プロセスの起点に据えることは不可能である。しかしながらこのことは、直示的定義そのものの不可能性を意味するわけではない。H・J・グロックが指摘するように、「とりわけ色彩語に関する表現は直示的にしか定義しえず」、同じことは「においや味、触感、音についても言える」(Glock 1996, 278)。教育の起点ではなくとも、直示的定義が教育プロセスのなかで重要な役割を果たすことに変わりはない。ウィトゲンシュタインは実際に、様々な事柄を直示的に定義する可能性について次のように述べている。

さて人は、人の名、色の名、素材の名、数の名、方角の名等々を直示的に定義することができる。「これを「二」と言う」——と言って二つの木の実を指し示す——といった数二の直示的定義は、完全に正確である。(PI 28)

背景的知識がすでに身についているのであれば、直示的定義によって新たな語を学ぶことは十分に可能である。ウィトゲンシュタイン自身もこうした定義の方法が「完全に正確である」と述べており、その「有効性を疑ってはいない」(野矢 2006, 368)。それにもかかわらずウィトゲンシュタインは、直示的定義が見かけ以上に複雑な構造をもつことを次のように指摘する。

だがそれなら、いかにして二をそのように定義できるのか。この定義を与えられた者は、「二」という語によって人が何を名指そうとしているのかがわからず、この木の実の集まりが「二」と呼ばれているのだと受け取るかもしれないのだ。――彼はそのように受け取ることができるが、もしかしたらそのように受け取らないかもしれない。逆に、私がこの木の実の集まりに一つの名をつけたいと思っても、彼がそれを数の名だと誤解することさえありうるだろう。同様に、私がある人の名を直示的に説明しても、彼はその名を色の名、人種の名、さらには方角の名であるとすら思うかもしれない。いわば、直示的定義はいかなる場合にも、あれこれ解釈されうるのである。(PI 28)

直示的定義は「完全に正確」であるにもかかわらず、「いかなる場合にも」様々な仕方で解釈されえてしまう。本書の第2章3節でも指摘した、解釈可能性や多義性をめぐる問題が、直示的定義のパラドクスを構成する第二の要件である。背景的知識を備えた子どものボキャブラリーには、「色」、「数」、「方角」等々の概念がすでに含まれていると考えられる。しかしだからこそ、「これを「二」と言う」という命題は多様な仕方で解釈されうる。ここで直示的定義のパラドクスは、次のような形式をとる。まず、背景的知識がある場合にのみ直示的定義は可能である。しかしながら、この背景的知識によって直示的定義の解釈可能性が生じ、直示的定義は不可能なものとなる。背景的知識が直示的定義を可能にすると同時に不可能にもするというパラドクスが、ここで生じてしまうのである。

　直示的定義が子どもによって「あれこれ解釈されうる」可能性を認めるやいなや、単純に見えるこの教授方法はパラドキシカルな構造をもつものへと変化する。そのうえでなおも直示的定義を成功させるための手段として思い浮かぶのは、さらなる説明を子どもに与えることであるだろう。「この数が「二」である」(29)と強調を加えることで、意図の鮮明化を図るのである。しかしこうした説明をいくら重ねていったとしても、子どもの誤解を解くことができるとは限らない。なぜなら、第一にこの「説明の連鎖」(ibid.)には限界があり、無限に説明を加え続けることは不可能だからである。そして第二に、「いかなる説明も誤解されうる」(28)からである。

　説明をどれほど積み重ねてもパラドクスは解消されえないのだとしたら、われわれはこうしたパラドクスに対していかなる態度をとるべきなのであろうか。次節では、カベルとマクダウェルによる二つの解釈を見ていくことにしたい。

2　懐疑論をめぐる対立

恐怖とめまい

直示的定義のパラドクスの原因は、背景的知識が解釈可能性を許す点にあった。解釈可能性が直示的定義を不可能にするというこの構造に、ウィトゲンシュタインが『探究』で描いた数列の事例との同形性を見て取ることもできるであろう。このパラドクスにおいてもまた、「＋2」という命令を、「1000までは2を、1000以降は4を加える」といった形で解釈する子どもの姿が描かれている（PI 185）。どちらの場合にも「解釈を行う子ども」というイメージが、教える者の思考をパラドクスへと陥れるのである。他方でわれわれの経験的事実からすれば、通常の場合にはこうした子どもは現れず、解釈可能性を前にわれわれの日常的な言語ゲームが停止することもない。この事実を根拠に、懐疑論的パラドクスの虚構性を主張することも可能であろう。また、そうした確信のもとでわれわれの日常生活は営まれてもいる。しかしながら、われわれの経験から来るこの確信は、いかなる根拠に基づいているのであろうか。

日常的な言語ゲームにおいて、われわれはたしかに特定の事柄に対する特定の反応の仕方を共有している。われわれは「赤」という語を色の名として、「二」という語を数の名として日々用い、生活している。こうした事態を時にウィトゲンシュタインは、「生活形式の一致」（PI 241）と呼ぶ。しかしながら「生活形式の一致」とは、日常的な言語ゲームにおいてわれわれがあるものを「二」と呼び、ある数列を「１０００、１００２……」と続けていくことの根拠と必然性を論理的に説明するものではない。むしろそれは説明が底をつき、われわれはまさにこのように行為するのだと言うよりほかにないような、ある地点に与えられた名称なのである。カベルが指摘するように、「人間の言語と活動、正気と共同体はこれ［生活形式］以上のものに基づいてはおらず、これ以下のものにも基づいてはいない。それは困難であるのと同様に単純な景観であり、恐ろしいと同様に（恐ろしいがゆえに）困難な景観なのである」（Cavell 2002, 52）[5]。

　われわれの日常性を支えるものの根拠のなさに伴う不安を、カベルもマクダウェルも共有している。カベルによる先の記述を引用した後、マクダウェルはカベルの言う恐怖を次のように言い換えている。すなわち、それは「われわれの実践を制御しているのは、われわれが実践を学ぶなかで身につけた反応と応答以外にはないという考えによって引き起こされる、一種のめまい（vertigo）なのである」（McDowell 1998 = 2016, 207 = 234f.）。「二」という語を「この木の実の集まり」に与えられた名だと解釈し、「＋２」という命令を「１０００までは2を、１０００以降は4を加える」といった仕方で解釈する子どもに対し、その解釈が「誤り」であると言うためにわれわれが持ち出すことのできる根拠は、われわれは通常こうするのだという事実以外にはない。そして、われわれの一致に依拠した説明はやがて底をつき、最終的には「私はまさにこのように行為するのだ」（PI 217 傍点引用者）と言うほかない次元にまで、教える者は追いつめられていく。カベルの「恐怖」、マクダウェルの「めまい」はともに、われわれの一致が「生活形式の一致」という同語反復的な根拠しかもちえないことの認識によって生じるのである。

カベルとマクダウェルの対立

カベルとマクダウェルは、「解釈を行う子ども」というイメージが引き起こす不安を共有している。しかしながらこの不安に直面した際にとるべき態度をめぐって、両者は対照的な見解を提示する。カベルはウィトゲンシュタインの描く教育の場面とそこから生じる懐疑論的パラドクスに、「懐疑論の真実」（Cavell 2004, 289）を見て取ろうとする。そしてここでの「〜の真実（the truth of）」という表現には、「二つの源泉」（ibid.）があるのだと説明する。そのうちの一つはG・W・F・ヘーゲルの弁証法に由来し、概念Xが「ある次元においては否定され、別の次元に取り込まれる際には保存される」（ibid.）ことを意味する。もう一つは、ある論者に自らの的確な反論を断固として拒否されたJ・ウィズダムが、その論者の意図について尋ねた際にウィトゲンシュタインが述べた言葉、「それはおそらく、君が彼の見解に含まれる何らかの真実を否定したからだろう」（ibid.）に示唆を得たものであるという(6)。つまりカベルの言う懐疑論の真実とは、懐疑論を明晰な論証によって完全に反駁することは不可能であり、またそれはいつまでも残存し続ける人間の実存的条件でもあるということを意味しているのである。

懐疑論の棄却不可能性をウィトゲンシュタインの後期哲学に読み込み、その実存論的意義を強調するカベルに対し、マクダウェルはウィトゲンシュタインの議論が「懐疑論的な主張をしていると考えるのは、いずれにせよ誤りである」（McDowell 1998＝2016, 205＝232）と述べ、カベルの議論に異を唱える。マクダウェルに従えば、懐疑論的パラドクスが生じるのは実践に対して「外在的な視点」（211＝241）をとる場合のみであり、「このめまいの治療は、問題となっている実践についての哲学的反省が外在的な視点から、すなわちわれわれがなじみ深いものとして没入している生活形式の外側からなされるべきだとする考えを、断念することによってもたらされる」（63＝22）。マクダウェルにとって懐疑論的パラドクスとは、われわれの日常的な言語ゲームを外部から眺める場合にのみ生じる病なのであり、「われわれが単純かつ通常の仕方で自らの実践に没頭している場合には、外側から見た際にそれらの実践が世界といかなる関係にあるかといったことについて思い悩んだりはしない」（211＝241）。マクダウェルの治療的解釈に従えば、哲学という外在的な視点から実践内在的な視点へと回帰することで、懐疑論という病は自然と治癒をみるのである[7]。

このように、懐疑論の棄却不可能性を人間の条件という見地から主張するカベルの実存論的解釈と、それをわれわれの思考が陥る病だと診断し、実践内在的な視点の重要性を指摘するマクダウェルの治療的解釈との間には、懐疑論的パラドクスの扱いをめぐる明確な違いが見て取れる[8]。このうち、日常的な言語ゲームの健全性に依拠するマクダウェルの治療的解釈が教育学的に有効であると認められるのは、教育の言語ゲームと日常的な言語ゲームとの同型性が確認された場合に限られるであろう。しかしながら、ウィトゲンシュタインの描く教育の場面からは、教育の言語ゲームと日常的な言語ゲームとの構造的な差異を読み取ることができる。以下では再び直示的定義の場面に議論の場を戻し、これらの言語ゲームの相違点を明らかにしていきたい。

3　直示的定義における言語と事物

見本としての事物

懐疑論の棄却不可能性を実存論的見地から論じるカベルに対し、マクダウェルは実践内在的見地から、懐疑論を哲学的思考の病として捉えていた。マクダウェルに従えば、懐疑論的パラドクスは実践に対して外在的視点をとる場合にのみ生じる思考の混乱にほかならず、日常的実践の内部にこうした問題が生じる余地はない。マクダウェルのこの観点は、懐疑論的パラドクスの解決をわれわれの日常的な言語ゲームの健全性に訴える点で、先に言及した中村昇の見解と類似している。しかしながら中村は同時に、直示的定義が日常的な言語ゲームに比して「かなり特殊な言語ゲーム」であり、「さまざまな言語活動のなかの一特殊事例」（中村 2004, 37）であることを認めてもいる。したがって、直示的定義のこの特殊性を明らかにすることが次の課題となる。

ここではG・ベイカーとP・M・S・ハッカーの研究（Baker and Hacker 2005a）に依拠しつつ、直示的定義のなかで事物が担う特殊な機能について指摘したい。ベイカーとハッカーが注目するのは、「見本（Muster/sample）」（PI 50, 53, 56）という概念である。彼らによれば、直示的定義のなかで用いられる二つの木の実や赤い紙きれといった事物は、「見本（samples）としての事物の使用と結びついている」（Baker and Hacker 2005a, 92）。彼らは使用法という観点から、見本の一般的な特徴を次の五つにまとめている。第一に、直示的定義のなかでは様々な事物が見本として用いられるが、その範囲は「語を用いる際の正しさの標準として、また（それが必要な場合には）比較対象として見本を用いるために必要な条件によって制限される」（93）。第二に、「あるものの見本としての性質は、それがどのように使用されるかによって決まる」（ibid.）。第三に、「単一の事物は、見本としての複数の使用をもつ」（ibid.）。第四に、「見本として用いられた場合、機能的な事物は一般的に通常の機能をもたなくなり、標準的な役割を果たさなくなる」（94）。そして第五に、「見本は様々な仕方で、人間の活動とやり取りのなかに入り込む」（ibid.）。

これら五つの特徴のなかでも特に重要なのは、「見本として用いられた場合、機能的な事物は一般的に通常の機能をもたなくなり、標準的な役割を果たさなくなる」(94) という第四の特徴である。ベイカーとハッカーは店頭に飾られた陶磁器や、弟子を指導する建具師の例を挙げる (ibid.)。たとえば店先のショーケースに置かれた陶磁器は、実際に用いられる代わりに陶磁器の見本として機能する。ほぞ穴の彫り方を弟子に教える建具師もまた、実際に家具を制作するのではなく――あるいはそれと同時に――自らを見習うべき見本として示している。同様に、直示的定義において木の実は食べ物ではなく数「二」の見本として、赤い紙きれは包装紙の一部ではなく色「赤」の見本として機能する。日常的なコンテクストから切り離され、直示的定義のなかで用いられた場合、事物には見本としての機能が付与されるのである。

ベイカーとハッカーはさらに、見本の注目すべき性質を三つに分類する。第一に、「見本は、それが見本であるものを表象する」(ibid.)。第二に、「一般的に見本は複製ないしは再生することができる」(95)。そして最後に、「見本は規範的な役割を担う」(ibid.)。本書が着目したいのは、この第三の性質である。(2)

範型の規範性

直示的定義のなかで名指されることにより、事物は日常的なコンテクストから切り離され、見本としての規範性を付与される。グロックによれば (Glock 1996, 276)、見本の規範性をよく表しているのが、『探究』第五〇節の「パリのメートル原器」に関する記述である。

> 一メートルであるとも、一メートルでないとも主張することができない一つの物が存在する。それはパリにあるメートル原器である。――しかしだからといって、われわれはもちろんこれに何か奇妙な特性を付け加えたのではなく、たんにメートル尺を使って測定するゲームのなかでそれが担う、独特な役割を特徴づけたにすぎない。[……] われわれはこの点を次のように表現することができる。[……] それはこのゲームのなかでは、描写されるものではなく、描写するための手段なのである。[……] 存在しなくてはならないかのように見えるものは、言語に属している。それはわれわれのゲームにおける一つの範型(Paradigma/paradigm)であり、それとの比較が行われるような何かなのである。(PI 50)

ウィトゲンシュタインはここで、「一メートルであるとも、一メートルでないとも主張できない」一つの事物がパリのメートル原器なのだと論じている。メートル原器は「われわれのゲームにおける一つの範型であり、それとの比較が行われるような何か」であるから、というのがその理由である。グロックはこの点を次のように言い換えている。すなわち、「見本として、その事物は表象するための手段に属しており、それを経験命題によって記述することはできない。[……] 記述のための規範を、その規範のもとで同時に記述することが不可能であるように、規範的な役割と経験的な役割は相互に排除し合うのである」（Glock 1996, 276）。直示的定義のなかで見本として使用される事物は、何かを「赤」や「二」として記述する際の規範として機能する。見本のこの規範性を表すもう一つの概念が、「範型」である。

名に対応し、それを欠いては名が意味をもたなくなるようなものとは、たとえば一つの範型であり、それは言語ゲームのなかで名と結びついて用いられる。（PI 55）

注目すべきなのは、範型としての事物が「すでにして言語的な道具立て」（野矢 2006, 374）であり、「それ自身言語的な身分をすでに有している」（375）という点である。[10] ここでの事物は言語から切り離された対象の領域に存在するものとしてではなく、「言語ゲームのなかで」一定の役割を担う概念的存在として捉えられている。言語と世界を分離したうえで、「名指すことを一つのいわば心霊的な（okkult/occult）出来事として捉える」指示説的言語観は、「言語が仕事を休んでいる時に発生する哲学的諸問題」（PI 38）として払拭されている。直示的定義のなかである事物を名指す時、赤い紙きれや二つの木の実といった事物はもはや「赤」や「二」といった名によって「描写されるもの」ではなく、それらの名を「描写するための手段」となる。すなわち、「赤」や「二」といった名を付与される対象としてではなく、言語ゲームの内部でそれらの語の意味を表象する範型として機能する。ここで言う範型とは、何が「赤」

であり「二」あるのかを判断するための規準、すなわち「それとの比較が行われるような何か」を意味している。直示的定義のなかで用いられることによって、日常的な事物は範型という規範性を帯びた概念的存在へと変化するのである。(11)

直示的定義のなかで見本として用いられる赤い紙きれや二つの木の実といった事物は、日常的なありふれた事物でしかない。しかしながら、直示的定義という教育の言語ゲームの内部で用いられるやいなや、それらは範型という概念的存在へと変化する。以上が、教育の言語ゲームのなかで事物が担う、日常的な言語ゲームとは異なる位置価である。次節では直示的定義のパラドクスを振り返り、直示的定義の構成要素についてさらに考察を進めたい。

規則の言語化

直示的定義のパラドクスとは、背景的知識が定義文の解釈可能性を許すことによって生じるパラドクスであった。前節では、直示的定義のなかで範型として用いられる事物が担う規範性について指摘した。とはいえ、事物は単独で規範性を帯びるわけではない。グロックが述べているように、「被説明項の正しい使用を決めるのは、見本［そのもの］ではなく、説明や修正のためにわれわれがそれを用いる仕方」(Glock 1996, 277) である。つまり、「これを……と言う」や「これが……である」といった直示的定義の命題とともに使用されることではじめて、日常的な事物は規範性を帯びるのである。

これらの命題が直示的定義のなかで担う特殊な役割について、ベイカーとハッカーは次のように述べている。彼らによれば、直示的定義の命題はそれ自体、「規則である」(Baker and Hacker 2005a, 35)。その理由は、直示的定義の命題が「ある表現の正しい使用を判断するための標準」(ibid.)として用いられることにある。すなわち、「これを「赤」と言う」や「これを「二」と言う」といった命題は、われわれが何かを「赤」や「二」と呼ぶための規則を命題化したものであり、「このような直示的定義は、理解のための「助け」となるようなものではなく規則であり、語の使用を決定するための記号体系に属している」(41)。

もちろん直示的定義という行為は、その場限りの具体的な状況のなかで行われるものである。「これを「赤」と言う」という命題とともに名指される事物は、赤色をした数多くの事物のなかの一つでしかなく、何が名指されるかは個別の状況ごとに様々であるほかない。しかしながら「これを……と言う」という命題は、自らが名指す事物を範型へと変化させる機能をもつ。この命題によって名指された事物は、赤いものすべてを一般化し、「赤」という語の正しい使用を示す概念的存在となる。直示的定義の命題は、日常的な言語ゲームのなかでわれわれが通常ある特定の色を「赤」と呼び、他の色を「赤」と呼ぶことが誤りとなるような、語の正しい使用と誤った使用を区別する規準として機能する。この意味で直示的定義の命題はそれ自体、われわれの日常的な言語ゲームの規則を言語化したものなのである。

すでに言語を習得したわれわれにとっては、何を「赤」と呼ぶかといったことはあまりにも自明な事柄でしかない。それはわれわれの日常的実践の円滑さそのものを支える、いわば暗黙の次元に属するものであり、日常的な言語ゲームのなかで命題として使用されることはほとんどない。そうした事柄が言語化されるのは、たとえば何を「赤」や「二」と呼ぶかといったことが教育内容として意識された場合である。直示的定義の命題は、あるものを「赤」や「二」と呼ぶわれわれの規準を表現した「文法命題」（Baker and Hacker 2005a, 105）であり、「名と見本との文法内的な相互連関性」（106）を示している。したがってそれは、「日常の言語ゲームにおける使用規則をもたないという点では「意味を欠く」が、その使用規則を「示し」ているという点では「無意味」ではないような命題」（瀬嶋 2001, 72）であると言えるであろう。

　直示的定義のなかで使用されることによって、事物は規範性を帯びた範型となり、命題は規則の表現となる。重要なのは、こうした命題が日常的な言語ゲームから距離をとることによってはじめて言語化されるという点である。すなわち、「これを「赤」と言う」や「これを「二」と言う」といった命題は、あるものを「赤」と呼び、あるものを「二」と呼ぶことで成り立っているわれわれの日常的な言語ゲームを外側から眺め、その暗黙的な規則を言語化した文法命題なのである。したがってマクダウェルのように、われわれの日常的な言語ゲームの健全性を頼りに、懐疑論的パラドクスを外在的な視点に基づく思考の病として切り捨てることは不可能であるだろう。われわれの教育の言語ゲームはまさに、日常的な言語ゲームを外在的な視点から眺めることで成立しているからである。

直示的定義と訓練

第2章1節で論じたように、「教える－学ぶ」という観点から「言語の限界」をめぐる探究を行った後期ウィトゲンシュタインが選択したのは、心的装置を説明項として用いる因果論的「説明」ではなく、様々な言語ゲームの「記述」という方法であった（PI 109）。よってウィトゲンシュタインが描く教育の言語ゲームには、子どもの心以外の場所に教育の可能性の条件を見出すためのてがかりが含まれていると考えられる。本章ではこうした前提のもと、直示的定義の場面を具体的な考察対象として取り上げ、そこで使用される言語や事物の特質に注目した。その結果、直示的定義という教育の言語ゲームのなかで言語と事物に付与される、規範的な役割が明らかとなった。そして、教育の言語ゲームが日常的な言語ゲームとは異なる言語論的構造をもつ以上、マクダウェルの治療的解釈をそのまま採用することはできないのだと主張した。以上の指摘が正しいとすれば、結局のところわれわれはカベルの主張に従って、懐疑論的パラドクスを解消しえない人間の実存的条件として承認するほかないのであろうか。

この点についてたとえばM・ウィリアムズは、「規範として用いられる事物（規則としての公式であれ、道標としての矢印や範例（exemplar）としてのバラの花であれ）が複数の解釈可能性に開かれるのは、それらが規範的なコンテクストから切り離されて考えられる場合」（Williams 2010, 106）であると指摘する。すなわち、事物が規範的なコンテクストのなかで用いられている限り、直示的定義の解釈可能性はあらかじめ閉ざされていると言うのである。たしかに教育の言語ゲームの内部では、規則命題と範型という二重の規範性を前に、解釈可能性の幅は限りなく狭められているかもしれない。教育という規範的なコンテクストのなかに現れる例外的な解釈は、「誤解」や「間違い」として即座に排除されるであろう。

しかしながら他方でグロックは、「いかなる説明も、誤解や疑いが生じるわずかな可能性さえ未然に防ぐことはできないとする点で、ウィトゲンシュタインは正しい」（Glock 1996, 114）のであり、「ウィトゲンシュタインは、誤解の可能性があるからといって直示的定義が不当なものになるわけではないのだという事実を強調する。なぜなら、このことは直示的定義を他の定義から分け隔てるものではないからである」（278）と論じている。直示的定義もまた一つの定義であり説明である以上、誤解の可能性を完全に消去することは原理的に不可能なのである。

繰り返し述べてきたように、われわれの日常的な言語ゲームにおいては、こうした誤解の可能性が原理的な問題として認識されることはほとんどないであろう。他方で今井康雄が指摘するように、伝達の不確かさを「克服すべき困難として捉えるような構造を持っている」（今井 2008, 128）のが教育の言語ゲームであるとするならば、このことは教育学的に深刻な問題として受け取られるにちがいない。そこでわれわれがとりうるのは、次の三つの方向性である。一つは、さらなる規範的要素を教育の言語ゲームに追加することによって、解釈可能性の排除に向かうという方向性である。この試みが仮に成功すれば、最終的には教師の指示に寸分違わず従う子どもを生み出すことが可能となるであろう。このグロテスクとも言うべき教育像を回避しうる第二の方向性は、解釈可能性を人間の実存的条件として承認し、パラドクスに甘んじるというものである。しかしながら、この承認は教育学研究の前提ではありえても、結論ではありえない。われわれに求められるのは、懐疑論をてがかりに、教育学的思考をより一層深めていくことだからである。それゆえ第三の選択肢として考えられるのは、直示的定義の解釈可能性を認めつつも、それが教育そのものの不可能性とはならないような一致点を、直示的定義以前の段階に求めるという方向性である。

本書が選択するのは第三の方向性であり、先の第3章では動物的自然に基づく訓練の次元をわれわれの最低限の一致点として提示した。ここではウィトゲンシュタインが一九三九年に行った講義を参照し、直示的定義と訓練との関連性を確認しておきたい。

たとえば、君が誰かに（何かを指し示しながら）「これは赤い」と言う。それからその人に「赤い本を持ってこい」と言う。――すると、その人はある特定の仕方で振舞う。このことは、われわれ人間に関するきわめて重要な事実である。［……］また、指示はある特定の仕方で使用され、理解されるという別の事実もある――つまり、人は指示にある特定の仕方で反応する。［……］ポイントは、誰かが何かを指し示して「これは何々だ」と言うだけで、一定の予備的な訓練を受けた人なら誰でも同じ仕方で反応するだろう、ということである。われわれは、こうしたことが起こらないと想像できるかもしれない。［……］

しかし実際には君たちはみな、自動的に一定の諸規則に従うのである。（LFM 182）

ウィトゲンシュタインはここで、人が直示的定義に応じて特定の反応を示すことは、「人間に関するきわめて重要な事実」であると論じている。さらにウィトゲンシュタインはその重要性を、「たとえばわれわれの知っているあらゆる言語において、語の意味は曜日によって変化したりはしないといった事実」（ibid.）と同等のレベルで捉えている。そして、この事実の成立条件となるのが「一定の予備的な訓練」なのである。

このように、訓練は教育プロセスのなかで本質的な役割を担っており、直示的定義の解釈可能性に先立つ最低限の一致点もまたこの訓練の次元に存在すると考えられる。このような見通しのもと、次章では子どもに足し算や数列を教える場面へと移り、「ウィトゲンシュタインのパラドクス」を考察対象として取り上げることにしたい。このパラドクスの検討を通じて、訓練概念の意義についてもさらなる示唆を得ることが可能となるであろう。

第5章　子どもの他者性

本書ではこれまで、ウィトゲンシュタインの描く教育の言語ゲームをわれわれが現実的に営む言語ゲームとして捉えるという前提のもと、訓練を通じた原初的言語ゲームへのイニシエーションから直示的定義に至るまでのプロセスを追跡してきた。先の第4章では、懐疑論的パラドクスを人間の条件として承認するよう求めるS・カベルの実存論的解釈と、それをわれわれの思考が陥る病だと診断するJ・マクダウェルの治療的解釈との対立に着目した。そして、解釈可能性の発生に先立つ訓練の次元こそが、われわれの最低限の一致を支えているのだと指摘した。

本章で次に扱うのは、S・A・クリプキが著書『ウィトゲンシュタインのパラドクス』（一九八二年）で提起したパラドクスである。(1) クリプキはこの著書のなかで、足し算や数列を教える場面を中心に、子どもの教育可能性を疑わせるのに十分なインパクトをもつパラドクスを構成した。第1章で言及した丸山恭司の他者論もまた、このパラドクスに対する一つの回答と見なすことができる。以下本章では、「ウィトゲンシュタインのパラドクス」の構造を確認した後、いくつかの教育学的解釈を概観する。そして、このパラドクスに教育の困難性や「神秘性」を読み込もうとする従来の解釈に対し、これをある哲学的意図のもとに構築された背理法的想定として捉える解釈を提示する。またそのことによって、子どもの他者性を教育の阻害要因としてではなく、教育の積極的な帰結として捉える観点を示したい。

1　ウィトゲンシュタインのパラドクス

パラドクスの構造

クリプキのウィトゲンシュタイン解釈の特徴は、規則に従うことと私的言語の問題こそが『探究』の主題なのだと捉える点にある。クリプキはこの前提のもと、ウィトゲンシュタインが提示する「規則のパラドクス」から、言語が意味をもつことそれ自体を不可能にするような強力なパラドクスを導出する。クリプキが依拠するのは、ウィトゲンシュタインによる次の記述である。

われわれのパラドクスは、ある規則が行為の仕方を決定することは不可能である、なぜならいかなる行為の仕方もその規則に一致させることができるのだから、というものであった。これに対する答えは、いかなる行為の仕方もその規則と一致させることができるのなら、矛盾させることもまた可能であり、よってこの場合には一致も矛盾もありえないだろう、ということであった。（PI 201）

規則のパラドクスの前提となっているのは、ある規則がはじめにあり、その規則を適用することによってわれわれの行為の仕方は決まるという、因果論的想定に基づく説明図式である。クリプキは計算を例にとって、「たとえ奇妙であり、空想的であろうとも、論理的に不可能ではない」（Kripke 1982＝1983, 9＝17）とされる次のようなパラドクスを構成する（7ff.＝11ff.）。まず、われわれが過去に経験したことのある計算は有限である以上、必ずその最大の数がある。ここでは仮に、「68＋57」という計算がわれわれにとって生まれてはじめて行う計算であるとする。この問いに対し、われわれは迷わず「125」と答えるであろう。ところがクリプキの描く懐疑論者は、同じく迷うことなく「5」と答えるのである。ここで彼は、「足し算」という規則の意味を「これまで行ったことのある計算についてはプラスを意味し、これから行う計算については常に5が答えとなるクワスを意味する」クワス算として解釈し、「68＋57」に「5」と答えるのである。(2) そして、クワス算の「誤り」を正そうとするわれわれに対し、クリプキは懐疑論者に次のように応じさせている。

第一に彼は、私がクワスではなくプラスを意味していたという、何らかの事実が存在するのだろうかと問いかける。もし存在するなら、それは彼の懐疑的な挑戦にこたえることになるだろう。第二に彼は、私がこの場合「5」ではなく「125」と答えるべきだと確信する、何らかの理由をもっているのだろうかと問いかける。（11＝18f.）

クリプキの懐疑論者が要求するのは、「プラスを意味していたという何らかの事実」と、「68＋57」には「125」と答えるのが「正しい」ことを正当化するための根拠である。これに続けてクリプキは、懐疑論者の要求に応じるには、次の二つの条件をクリアしなければならないと主張する。

第一に、私がクワスではなくプラスを意味していたということが、どのような（私の心的状態（mental state）についての）事実から構成されるのかを説明しなければならない。またさらに［……］「68＋57」に対して「125」と答える際に私がいかにして正当化されるのかを、ある意味において示さなければならない。（11＝19）

この引用からも見て取れるように、懐疑論者のパラドクスは足し算の規則に関する何らかの事実が心のなかにあり、計算の結果はその事実を適用することで得られるという、われわれの素朴なイメージをもとに組み立てられている。しかしながら実際には、新たに目にする計算に対して足し算の規則を強制する事実など——心のなかにも外にも——存在しない。さらに個人の記憶や傾向性はいずれも蓋然的なものであり、足し算の必然性の担保とはならない。また同様に、過去に行った足し算の痕跡を客観的な証拠として持ち出し、それをもとに「125」だけが正しい解答なのだと主張することもできない。というのも、クワス算は定義上、過去におけるプラスの意味と未来におけるクワスの意味をあわせもっているからである。

クリプキはこのように、「ある規則が行為の仕方を決定することは不可能である、なぜならいかなる行為の仕方もその規則に一致させることができるのだから」(PI 201)というウィトゲンシュタインの言明をてがかりに、クワス算なる計算の規則を考案した。すなわち、足し算の規則をクワス算の規則として解釈することが論理的には可能である以上、規則のみによって計算の仕方を決定することは不可能だと論じたのである。[3] クリプキはさらに、「エッフェル塔のなか以外の場所で見つけられるテーブルか、もしくはエッフェル塔のなかで見つけられる椅子」を意味する「タベヤー(*tabair*)」(Kripke 1982=1983, 19=36)や、「過去の対象はそれが(過去において)グリーンであった時、そしてその時に限りグルーであり、これに対し現在の対象はそれが(現在)ブルーである時、そしてその時に限りグルーである」ことを意味する「グルー（grue）」といった規則を提示する。[4] エッフェル塔という場所を基点に「椅子」と「テーブル」の指示対象が変化する、「タベヤー」の規則に従うなら、われわれは「テーブル」という語で同時に――エッフェル塔のなかの――椅子を意味していたことになる。また、現在という時間を基点に「グリーン」と「ブルー」が入れ替わる、「グルー」の規則を適用するなら、明日芽を出すゴムの木の葉は青色だということになる。こうしてクワス算と同様のパラドクスがあらゆる語に当てはまることを示した後、クリプキの懐疑論者はわれわれに次のような破壊的結論を突きつける。

> 何らかの語で何らかのことを意味しているといったことは、ありえないのである。語についてわれわれが行う新たな状況での適用はすべて、正当化や根拠があってのことではなく、暗闇のなかでの跳躍（a leap in the dark）なのである。（55＝108）

クリプキ自身はこの懐疑論を正面から論駁することは不可能であるとし、懐疑論者の前提に依拠した「懐疑的解決」を試みている。すなわち、言語の意味を決定する事実などどこにも存在しないという懐疑論者の主張を受け入れたうえで、言語の意味は事実との対応関係によって決まるとする「真理条件（*truth condition*）」ではなく、言語が意味をもちうるのはどのような状況かを問う「言明可能性条件（*assertability conditions*）あるいは正当化条件（*justification conditions*）」

（74＝144）に基づく言語論を提唱するのである。そして、クリプキによってここで新たに持ち出されるのが、「共同体」（79＝155）という概念である。

> 人を孤立した状態に置いて考える場合、規則はそれを受け入れている人を導くものだという考えは、いかなる実質的な内容ももちえない。すでに見たように、彼が自らの過去における意図と一致したり、しなかったりすることを可能にするような真理条件や事実は存在しないからである。［……］われわれが視野を広げ、単独で規則に従う人ではなく、広く共同体と相互作用する人について考えるようにすれば、事態は非常に異なってくる。
> （89＝173f.）

懐疑論者のパラドクスにおいて、人は自らの判断で規則を様々に解釈することのできる、単独の存在者として捉えられている。これに対してクリプキは、言語がそもそも意味をもつためには、共同体の存在が必要不可欠であると主張する。すなわち、われわれの共同体においては「クワス」や「タベヤー」や「グルー」は実際上の使用をもちえず、懐疑論者のパラドクスは、人を孤立状態に置くことではじめてパラドクスとして成立しているのだと論じるのである。

最終的にクリプキは、真理条件説への懐疑を懐疑論者と共有したうえで、共同体に基づく言明可能性条件説を提示する。そこでクリプキが適用するのは、「対偶」という論理的操作である。[5] すなわち、何らかの事実の存在ゆえに規則に従うことが可能になり、その結果として正しい反応が生み出されるのではなく、「共同体が正しいと見なす特定の反応を示さない場合、ある人はその共同体によって規則に従っていないと見なされる」(108＝211)という形で言明可能性条件を定式化し、パラドクスの懐疑的解決を図るのである。

以上のような内容をもつクリプキの懐疑論的パラドクスと懐疑的解決に対して、哲学の分野ではこれまでも様々な批判が寄せられてきた。たとえばC・マッギン(McGinn 1984＝1990)は、共同体の存在にかかわらず、人間にはあらかじめ規則に従う能力が生得的に備わっているのだとする物理的自然主義の立場から、クリプキとウィトゲンシュタインにともに反論を投げかけている。他方でN・マルカム(Malcolm 1986＝1991)やM・ウィリアムズ(Williams 1999＝2001)は、クリプキと同様に共同体を重視しつつも、彼が論理的に導出したにすぎない共同体概念の現実的なあり方の解明を試みている。マルカムやウィリアムズは、クリプキの議論における個人と共同体との関係が、実践外在的な視点から捉えられた記号的関係にとどまっていると指摘する奥雅博(奥 1992)や菅豊彦(菅 2004)と、基本的な立場を共有していると言えるであろう。

その一方で、共同体説をめぐっては次のような批判も提起されている。すなわち、仮に共同体を想定したところで、たとえばその構成員一万七千人全員が「間違う」可能性は排除できず(Boghossian 1989, 536)、またそもそも共同体という概念自体が社会的な構成概念なのではないかといった批判である。これに対してC・ライト(Wright 1980)は、共同体の存在ではなく、むしろ起源をたどることのできない人間同士の様々な「規約」が言語の意味を決定づけるのだという、反実在論的な規約主義の立場を提唱する。他方でマクダウェル（McDowell 1996＝2012）や菅は実在論的な立場を選択するが、彼らが「実在」と呼ぶものはもはや共同体ではなく、「第二の自然」としての言語そのものである。マクダウェルや菅の解釈に、規範性の根拠を共同体にではなく言語内在的な文法的性質に求める、G・ベイカーとP・M・S・ハッカーの解釈（Baker and Hacker 2005a）との共通性を見て取ることもできるであろう。

教育における他者

このように、ウィトゲンシュタインの規則論に関する解釈上の主要な立場は、いずれもクリプキが提起したパラドクスへの応答を通じて成立したと言える。『ウィトゲンシュタインのパラドクス』はこの意味で、哲学におけるウィトゲンシュタイン研究のメルクマール的な著作であった。教育学もその例外ではなく、クリプキの議論はウィトゲンシュタインの後期哲学を教育学的に解釈する際の主要な参照点となった。

その直接的な契機となったのが、柄谷行人の解釈である。柄谷は『探究Ⅰ』（一九八六年）のなかで、「自分と言語ゲームを共有しない者」との「非対称的な関係」こそが、「コミュニケーションの基礎的事態」（柄谷 1992, 11）なのだと述べた。「そもそも《他者》との間に、「ゲーム」が成立するか否かが不明」（51）であり、コミュニケーションや交換が常に「「暗闇の中での跳躍」（クリプキ）または「命がけの飛躍」（マルクス）」（50）であるような他者を浮かび上がらせようとする柄谷のウィトゲンシュタイン解釈を、教育学者たちは教育の困難性ないしは不可能性を突きつける議論として受けとめた。そして、子どもが他者性をもつことは認めつつも、それを「生活形式における一致」があくまで可能な「潜在的他者性」（丸山 2000, 117）として捉え直したのが丸山である。

丸山は「教育の言語ゲームと正常な言語ゲームとの間の相違点」を、教育の言語ゲームの「構成要素のうちのあるもの——そして、これが教育内容となるのであるが——を習得していないプレイヤーがいるということ」（丸山 1992, 48）に求めている。そのうえで丸山は、ウィトゲンシュタインの哲学に「教育に特有な〈他者〉の現れ方、あるいはその隠蔽のされ方」（丸山 2000, 111）のてがかりを見出そうとする。柄谷の言う絶対的な他者ではなく、「教育における〈他者〉」の抽出を目指す丸山によれば、論理的には想定可能なパラドクスが現実化しないのは、この他者性が「生活形式における一致によって暫定的に解消される」（117）からである。すなわち、「教育的関係に現れる他者は、関係を結ぶことによってはじめて現れる、小文字の他者である」と同時に、「完全にはコントロールしえない、予測を超えた反応をしうる存在である」（丸山 2002, 10）。そして丸山は、潜在的他者性としての子どもの他者性に留意しつつ、教育的関係のなかで実現可能な「一致の確認に甘んじること」（丸山 2000, 118）を、教える者がとるべき倫理的態度として提示するのである。

第1章3節でも論じたように、丸山の他者論にはいくつかの根本的な批判が向けられている。そのうえで本書が指摘したいのは、丸山の議論においては、「生活形式における一致」（丸山 2000, 117）がそもそも可能であるための根拠が明らかにされていないということである。「生活形式の一致」（PI 241）というウィトゲンシュタインの概念は、丸山の「教育における〈他者〉」と柄谷の《他者》とを区分する重要な分水嶺となっている。(6) それゆえ、この一致を可能にする条件を問わない限り、教育における子どもの他者性を十分に解明したことにはならないであろう。この点に関連して、クリプキの議論から「一致」をめぐる論点を取り出しているのが松下晴彦である。教育が可能であること自体に「神秘性」を見て取る松下は、次のように論じている。

教育の〈神秘性〉の方はやや困難な問題がつきまとう。ヴィトゲンシュタインのいう〈生活の形式〉や〈一致〉は、懐疑論的解決にとって、議論の出発点であってそれ以上説明しきれないものとしてあり、しかもそれらは、十分な訓練と教育の結果であると捉えられているからである。従って、教育の説明のために〈一致〉を持ち出すのは同語反復となる。逆に言えば、教育の〈神秘性〉の問題は、懐疑的解決が対応しきれない問題ということになる。クリプキ－ヴィトゲンシュタインが前提としている〈一致〉の生成を、教育はまさに問うているのである。ある共同体において、如何にして〈生活の形式〉や〈一致〉が形成されるのか。また人は如何にして他者による矯正や、訂正、指示、命令を受け入れるのか。要するになぜ教育は可能であるのかという問いである。［……］子どもは（学習者は）常に何にも還元、また説明し得ない〈暗闇の跳躍〉の中にいると捉えるべきなのである。

（松下 1999, 309f.）

一致は教育によってもたらされるがゆえに、それを教育の前提とすることはできないという松下の主張に抗して、ここでは「一致」のレベルを慎重に区別することが必要であるだろう。本書でこれまで論じてきたように、動物的自然における原初的なレベルでの一致に基づく訓練によって、たとえば「石板」という語に石板を運ぶことで応じるといった反応の一致がもたらされる。つまり、教育の可能性の条件としての動物的自然における一致と、訓練の結果としての反応の一致は次元を異にするのである。そして、ウィトゲンシュタインがここで解明を試みているのは、訓練の結果としての反応の一致の重要性であるように思われる。この点を明らかにするために、次節ではパラドクスをめぐるウィトゲンシュタイン自身の議論に目を向けることにしたい。

2　規則のパラドクス

背理法的想定

前節で見たように、クリプキは「ある規則が行為の仕方を決定することは不可能である、なぜならいかなる行為の仕方もその規則に一致させることができるのだから」(PI 201)というウィトゲンシュタインの記述をもとに、語の意味を様々に解釈する懐疑論者を登場させていた。クリプキの懐疑論者はその結果、言語の意味一般に対する破壊的なパラドクスを導き出していた。他方でウィトゲンシュタインは、前節で引用した部分に続けて次のように述べ、規則のパラドクスを明確に「誤解」として位置づけている。

> ここに誤解があるということは、われわれがこのような思考過程のなかで、解釈に次ぐ解釈を行っているという事実のうちにすでに示されている。あたかもそれぞれの解釈が、その背後にあるもう一つの解釈を思いつくまで、われわれを少なくとも一瞬の間は安心させてくれるかのように。(201)

この『探究』第二〇一節に至る一連の議論の発端は、第一四三節にあると考えられる。そこでウィトゲンシュタインが記述するのは、BがAの命令に従って自然数列を書き写す言語ゲームである。ウィトゲンシュタインは、ここにはたしかに「学ぶ者の正常な反応と異常な反応」を区別するための規準があるにもかかわらず、Bが「不規則にある時はこれを、ある時はそれを写すと想像することができる」(143)と述べている。さらにAがBのこうした「誤り」を正すために、あえて「彼の写し方を妥当なものとしたうえで、正常な仕方を彼の仕方の変種あるいはヴァリエーションとしてもたらそうと努める」ことは可能であるものの、「ここでもまた、われわれの生徒の学習能力は挫折してしまうかもしれない」(ibid.)と論じている。こうした記述から、教育の不可能性や困難性に関する何らかの示唆を導き出すこともできるであろう。しかしながら本書が注目したいのは、続く第一四四節の内容である。

> 私が「ここでもまた、われわれの生徒の学習能力は挫折してしまうかもしれない」と言う時、私は何を意味しているのだろうか。私はそれを自分の経験から報告しているのか。もちろんそうではない。(たとえ私がそのような経験をしたことがあるとしても。)［……］私はこのような像を彼［対話者あるいは読者］の眼前に置きたいと思っていたのであり、彼がその像を承認(*Anerkennung/acceptance*)するということは、彼がいまや所与の事態を別様に考察したくなっているということ、すなわち事態をこの像の系列と比較したくなっている

> ということにほかならない。私は彼のものの見方（*Anschauungsweise/way of looking at things*）を変えたのである。（144）

ここで思い起こしておきたいのが、事実概念であると同時に方法概念でもあるという言語ゲームの両義性である。[7]『探究』で描かれる教育場面の現実性をめぐる諸解釈に対して本書が提示したのは、教育の言語ゲームを方法的に構築された現実的な言語ゲームであると捉える解釈であった。そのうえで、この「異常な反応」を示す生徒が現実に存在しうるかどうかについては、ウィトゲンシュタインの意図を正確に見定める必要があるだろう。第2章1節で見たように、ベイカーとハッカーは言語ゲーム概念に含まれる第三の特徴として「想像上の言語ゲーム」（Baker and Hacker 2005a, 60）を挙げていた。H・J・グロックもまた、比較対象や背理法的想定としての、「架空の言語ゲーム」（Glock 1996, 194）が存在することを指摘していた。そして、異常な反応を示す生徒との間で営まれる言語ゲームは、この「想像上の言語ゲーム」ないしは「架空の言語ゲーム」であると考えられる。要するに、ウィトゲンシュタインはわれわれが現実的に営む教育の言語ゲームをまず設定し、そこに不規則に数を書き写す生徒が現れたと「想像」することで、われわれが「所与の事態を別様に考察」できるようになることを目論んでいるのである。

われわれの「ものの見方」を変更するという、哲学的な意図のもとで描かれたもう一つの事例が、『探究』第一八五節の言語ゲームである。

第一四三節の例へ戻ろう。生徒はいまや――通常の規準から判断すれば――自然数列をマスターしている。われわれはそこで彼に別の基数列を書き出すことを教え、たとえば「＋n」という形の命令に対しては、0、n、2n、3n、等々という形の数列を書かせるようにする。［……］そして、生徒に1000以上のある数列（たとえば「＋2」）を書き続けさせる――すると彼は、1000、1004、1008、1012と書くのである。われわれは彼に「見なさい、何をやっているのだ」と言う。――彼にはわれわれが理解できない。われわれは「君は二を足していかなければならなかったのだ。見なさい、どのようにこの数列をはじめたのか」と言う――彼は「ええ。でもこれでよいのではないですか。私はこのようにするべきだと思ったのです」と答える。――あるいは、彼が数列を指し示しながら「でも私は同じようにしているのです」と言ったと仮定せよ。（PI 185）

ここにもまた、「自然数列をマスターし」たにもかかわらず、異常な反応を示す生徒が登場する。こうしたパラドクスが最終的には「誤解」であると論じるウィトゲンシュタインの意図は、あくまで「特定の哲学的誤解から問題が生じることを明らかにする」（Baker and Hacker 2005a, 60）ことにある。[8] すなわち、ここでの異常な反応を示す生徒は、ある特定の様式にとらわれている限り、われわれの思考は容易くパラドクスへと陥ってしまうことを示すと同時に、ある前提条件を欠く場合、われわれの現実的な言語ゲームは――日常的な言語ゲームも教育の言語ゲームもともに――まったく成立しなくなるということを明らかにするための、背理法的想定にほかならないのである。

説明の問題

前節では、『探究』第一四三節以降の数列の言語ゲームに登場する異常な反応を示す生徒が、われわれの思考様式を変容させ、われわれの現実的な言語ゲームを支える前提条件に目を向けさせるための背理法的想定であるという解釈を提示した。ウィトゲンシュタインがターゲットとする思考様式を明らかにするために、今度は第一三九節の議論を取り上げることにしたい。ここで議論の対象となっているのは、いわゆる「像‐投影」図式に基づく言語観である。ウィトゲンシュタインは「立方体」という語を例に挙げ、この語を耳にした際に「ある像が思い浮かぶとしよう」(PI 139) と提案する。たしかに、「立方体」という語に応じて立方体の像を思い浮かべることは十分に可能であるだろう。しかしながら、この像が「立方体」の「意味」であると言えるだろうか。ウィトゲンシュタインによればそうはならない。われわれはこの像に「立方体」や「三角プリズム」といった様々な意味を与え、それぞれの意味に即した「投影法」(ibid.) を用いることができるからである。心に浮かぶ像は多様な投影法に開かれている以上、言語の意味を心的イメージと同一視する言語観は成立しえないのである[2]。

ここに「解釈に次ぐ解釈」（201）を行うことによって生じる、規則のパラドクスとの同型性を読み取ることは容易であるだろう。クリプキの懐疑論者の要求に従って、われわれがたとえば「＋1」という規則Aを心のなかに像として所有していると想定してみたい。「0、1、2、3、4、□」といった問題が出された際には、この規則Aを適用することによって「5」という正解が得られることになる。しかしながら、こうした見方には誤りが含まれている。というのも、この「規則‐適用」図式は――規則Aを適用するための規則B、規則Bを適用するための規則Cといった形で――無限後退を招いてしまうからである。心のなかに蓄積された規則とその適用という図式はもっともな見かけをとりつつも、われわれの思考を混乱へと導いてしまう。ウィトゲンシュタインはこのように、われわれの素朴な説明がいかにナンセンスなものに陥りがちであるかを示そうとしているのである。

先に取り上げた『探究』第一四三節に続けて、ウィトゲンシュタインは以下のような問いかけを次々と行い、われわれの説明をさらに引き出そうとする。「どのようにして彼はこの体系を理解するようになるのか」（143）、この数列の体系をマスターしたと言うために「彼はどこまで数列を正しく書き続けなければならないのか」（145）、ようやく数列の規則を理解できたとして、「君はいつその適用を知っているのか。常にか。昼も夜もか」（148）。当然ながら、これらの問いに明確な形で答えることはできない。それゆえわれわれは、次のような説明をしてしまうのである。

ここで君は、おそらく次のように言うであろう。すなわち、その体系を手に入れる（あるいはまた理解する）ことは、数列をこの数まで、もしくはその数まで書き続けるといったことによって成り立つはずがない。そのようなことは理解の適用であるにすぎない。理解そのものは一つの状態であって、そこから正しい適用が出てくるのである。（146）

子どもが具体的な状況のなかで示す反応以外に、数列の正しい理解を示す規準は存在しない。それにもかかわらず、われわれは「理解」の一般的な説明を試みてしまう。数列の規則以外にも、たとえば「ＡＢＣの知識はある心の状態であるだろうと述べる時、人はある心の装置（われわれの頭脳のようなもの）の状態を考える。そしてわれわれは、この装置を介して知識の表出（*Äußerungen/manifestations*）を説明してしまう」（149）。ここでの説明は、「心の状態」から「知識」が出てくるという仕方で心の内と外とを結びつける、因果論的説明の形をとって現れる。ウィトゲンシュタインが第一四三節以降で繰り返し批判しているのは、「像－投影」図式や「規則－適用」図式にとらわれたまま、心の内部と外部を因果論的に結びつけて説明してしまう、われわれの根深い傾向性なのである。[10]

このように、異常な反応を示す生徒を背理法的想定として登場させたウィトゲンシュタインの意図は、因果論的な説明図式にとらわれている限り、われわれの思考はいとも容易にパラドクスへと陥ってしまうという事実を明らかにすることにある。『探究』第一九七節以降では、この因果論的な説明図式が「規則－適用」図式という形で代表される。そして、この図式から生じる規則のパラドクスは、最終的には「誤解」(201) であると結論づけられることになる。次節では、ウィトゲンシュタインがこの背理法的想定を通じて浮き彫りにすることを試みた、われわれの現実的な言語ゲームを支える前提条件について見ていきたい。

3 教育可能性と他者性

反応の一致

本章2節で引用した『探究』第一四四節のなかで、ウィトゲンシュタインは自らの背理法的想定が「ものの見方」を変えるための像なのだと述べていた。これに先立つ一四三節で描かれていたのは、自然数列を書き記せという命令に対して、「たとえば常に一つおきに数を書き記したり、あるいは0、1、2、3、4、5、……という数列を、1、0、3、2、5、4……という仕方で書き写したりする」(PI 143)、異常な生徒の姿であった。教える者は生徒が規則を誤って解釈したのだと見なし、その間違いを説明しようとするかもしれない。しかしながら、今度はこの説明自体を子どもが解釈する可能性が生まれてしまう。まさにクリプキの懐疑論者のように、生徒はすべての命令を別様に解釈し続けるのである。もし仮に、こうした異常な反応を生徒が一貫して示し続けるとしたら、われわれの「意志疎通はそこで断絶してしまう」(ibid.) ほかないであろう。

ウィトゲンシュタインが描き、クリプキがより鮮明な形で提示した懐疑論者の姿に子どもの他者性への示唆を見出すことによって、たしかに教育の困難性や不可能性を強烈に印象づけることが可能となるであろう。しかしながら、ウィトゲンシュタインの哲学的意図は別のところにある。それはすなわち、「「十進法の規則を理解しているので、一致した反応がある」から、「一致した反応があることによってこそ、その規則がそもそも可能になっている」への〈見方の変更〉」(入不二 2006, 100) である。ここでは再びウィトゲンシュタインが一九三九年に行った講義から、該当する箇所を引用しておきたい。ここでウィトゲンシュタインは規則の解釈可能性をめぐる問題にふれた後、次のように述べている。

> このことは、以前から何度も言われてきたことである。そしてその主張はしばしば、論理学の真理は意見の一致 (consensus) によって決定されるという形をとってきた。これが私の言っていることなのだろうか。そうではない。意見なるものは何も存在しない。それは意見の問題ではないのだ。論理学の真理は、行為の一致によって決定される。すなわち、

同じことをする、同じ仕方で反応するという一致である。一致は存在するが、それは意見の一致ではないのである。われわれはみな同じ仕方で行為する。すなわち、同じ仕方で歩き、同じ仕方で数えるのである。(LFM 183f.)

ウィトゲンシュタインが先の数列の言語ゲームから意図的に取り除いたのは、行為や反応の一致という前提条件である。この前提条件を取り除いた結果、数列の言語ゲームには異常な反応を示す生徒が現れる。ウィトゲンシュタインが言うように、人間はみな同じように歩き、同じように数を数えてきた。それは歩き方や数え方の規則があってのことではなく、むしろこれらの行為における一致が規則という形で定式化されたのだと見るべきであろう。つまりウィトゲンシュタインは、反応の一致という前提を欠いては規則そのものが成立せず、教育はもとより、われわれのコミュニケーションそれ自体が不可能になるほかないという事実を背理法的に示したのである。[11]

訓練と狂人

ウィトゲンシュタインは異常な反応を示す生徒を背理法的に想定することで、行為や反応の一致という前提条件の存在を示していた。そしてこれらの一致をもたらすのが、訓練に与えられた重要な役割なのである。先に引用した講義のなかでウィトゲンシュタインは、「論理学の真理は、行為の一致によって決定される」と述べていた。この言明は、論理学の規則の恣意性に関する主張として受け取られるかもしれない。こうした疑念に対して、ウィトゲンシュタインは次のように答えている。

人はこう言うかもしれない。「しかしウィトゲンシュタイン、君はこれらすべてが恣意的だと言っているのか」――私にはわからない。たしかなのは、子どもの時われわれは、それを正しい仕方で行わなければ罰を受けたということである。（LFM 183）

ウィトゲンシュタインは同じ講義のなかで、子どもはたとえば二重否定という論理的操作に関する「問いが生じるはるか以前に、否定を適用する特定の技術を訓練される」（184）とも述べている。初歩的な自然数列や語の意味を身につける段階の子どもが、教える者の発する語に問いを差し挟み、それを解釈することなど不可能である。それゆえこの段階の教育は、言語による説明ではなく、「事例、褒美、罰といった手段によってなされる」（BB 77）訓練という形をとる。この訓練によってもたらされる反応の一致について、ウィトゲンシュタインは『探究』のなかでさらに次のように論じている。

規則に従うことは、命令に従うことに類似している。人はそうするよう訓練（abrichten/

train）され、命令には一定の仕方で反応する。しかしいま命令や訓練（Abrichtung/training）に対して、ある人はこのように、別のある人は別様に反応するとしたらどうであろうか。その時、誰が正しいのか。君にとってまったくなじみのない言語が話されている未知の国へ、研究者としてやって来たとしてみよう。君はどのような状況のもとで、その土地の人々が命令を下す、命令を理解する、それに従う、命令に逆らう等々と言うであろうか。人間共通の行動様式（gemeinsame menschliche Handlungsweise/shared human behaviour）こそ、われわれが未知の言語を解釈する際に依拠する座標系（Bezugssystem/system of reference）なのである。（PI 206）

われわれは訓練を通じて一定の反応の仕方を身につけ、その結果「人間共通の行動様式」という「座標系」を手に入れる。訓練によって形成される反応の内容が――「石板」という語に対し、石板を運ぶのではなくその枚数を数えることで応じるといったように――たとえ言語ゲームごとに異なっていたとしても、何らかの人間的な反応を示していることそれ自体に変わりはない。訓練の目的は反応の一致に示される人間共通の行動様式をもたらすことにあり、この行動様式こそがあらゆるコミュニケーションの基盤となるのである。

ここであらためて、訓練が可能であることの根拠をまとめておきたい。第一に、訓練は「前言語的」（Z 541）な動物的自然のレベルで行われる行為であり、原初的な段階の子どもが言語的な解釈によって訓練を不可能にすることはありえない。第二に、動物が調教可能であるということは経験的事実であると同時に概念的事実でもあり、子どもの動物的自然に基づく訓練の可能性を疑うことは――「訓練」という語の日本語的なニュアンス、あるいはtrainingという訳語のニュアンスに引きずられて――「ピントがぼやけた訓練モデル」(Luntley 2008b, 699)に陥っていることを意味している。[12] そして第三に、原初的なレベルでの訓練が万一「失敗」するとしたら、当の子どもは「狂人」としてわれわれから排除されることになる。[13] ウィトゲンシュタインは、「狂人」という語を次のように定義する。

> われわれはいまや、自分たちの論理と矛盾する異なった論理をもつ人々を、われわれが狂人(mad)と呼ぶ理由を理解できる。狂気(madness)とは次のようなものであろう。(a)その人々は、われわれが「話す」や「書く」と呼ぶようなことをしている。(b)われわれの話すことと彼らの話すこと等々の間には、緊密なアナロジーが成立している。(c)それからわれわれは突然、自分たちのすることと彼らのすることとの間に完全な食い違いを見出す。――その食い違いは、彼らのしていることのポイントを何もかも失わせるように思わせ、それゆえわれわれに「そのようなことをするポイントはいったい何なのだ」と言わせるようなものである。(LFM 203)

仮に、数列の事例に現れる異常な生徒が実際に存在した場合、この生徒は訓練の場面へと差し戻されることになるであろう。それでもなお彼が「完全な食い違い」を見せ、その食い違いによって彼の生活すべてが理解不能なものになるとしたら、われわれはこの生徒を「狂人」として排除するほかなくなってしまうのである。

以上から、本章1節で取り上げた「一致」をめぐる松下の議論に対して、次のように応じることができるであろう。松下が問題としていたのは、一致は教育によってもたらされるがゆえに、それを教育の前提とすることはできないということであった。また、それでもなお現実的には一致が可能である点に、松下は教育の「神秘性」を見て取っていた。これに対して本書では、動物的自然のレベルでの一致と、訓練の結果としての一致を区別する必要性について指摘した。すなわち、教育可能性はわれわれの動物的自然における一致によって与えられ、この一致に基づく訓練によって、子どもとわれわれの間に反応の一致が生み出される。そして、人間共通の行動様式をもたらす訓練が起点となって、言語ゲームへのイニシエーションは開始されるのである。

このように、教える者と子どもとの最低限の一致点を確認することで、子どもの他者性を教育の不可能性の要因としてではなく、教育の積極的な帰結として捉える方向へと、「ものの見方」を変更することが可能となるであろう。ウィトゲンシュタインの哲学から導き出せるのは、この一致をもとに結ばれる「教える－学ぶ」関係のなかで、教える者の意図を超えて様々な事柄が伝達されることによって生まれる、本来の子どもの他者性への示唆であるように思われる。この点を確認するために、次章ではウィトゲンシュタインの自我論をめぐる考察へと進みたい。

第6章　語りえぬものの伝達

前章では「ウィトゲンシュタインのパラドクス」を取り上げ、そこに現れる生徒を背理法的想定として捉える解釈を提示した。ウィトゲンシュタインが異常な生徒を想像することによって前景化したのは、動物的自然のレベルでの一致をもとに成立する反応や行為の一致こそが、われわれの現実的な言語ゲームの背景となっているという事実であった。ウィトゲンシュタインの後期哲学がわれわれに求めているのは、教育を不可能にするものとしての子どもの他者性から、この一致に基づく教育の積極的な可能性としての他者性へと、「ものの見方」(PI 144)を変更することなのである。

以上の方向性のもと、本章ではウィトゲンシュタインの自我論をてがかりに、「教える－学ぶ」関係のなかで教える者の意図を超えて伝達されうる事柄に焦点を当てる。ウィトゲンシュタインの後期哲学に内在する「教える－学ぶ」という観点のうち、本章で着目するのは学ぶ者の観点である。学ぶ者の観点から教える者という他者との関係を眺めることで、自我の確実性の基盤であると同時に不確実性の源泉でもあるという、両者の二重の関係性が明らかになるであろう。また同時に、この関係性のなかで「語りえぬもの」が伝達される可能性に目を向けることによって、言語ゲームへのイニシエーションのプロセスをより詳細に分析するための視座を提示したい。

1 ウィトゲンシュタインの自我論

自我と言語

第1章3節で言及したように、ウィトゲンシュタインは自我の問題を生涯にわたって問い続けた(1)。近年の教育学者たちはとりわけ後期ウィトゲンシュタインの自我論に着目し、いくつかの注目すべき論点を導き出している。たとえばP・スタンディッシュは、自己統制と自己意識に基づく自我のイメージを「近代的な自己観の誤謬」(Standish 1992＝2012, 165＝334)であるとして拒否し、こうした自我像を刷新するための手がかりをM・ハイデガーや後期ウィトゲンシュタインの哲学に求めている。またM・ピーターズとJ・D・マーシャルは、後期ウィトゲンシュタインの言語ゲーム論に「言語的かつ文化的な実践のなかに存在するものとしての、すなわちディスコースの構築物としての自我という、自我に関する積極的な観点」（Peters and Marshall 1999, 197）を見出し、実体的かつ固定的な自我を超える動態的な自我の抽出を試みている。

このように、ウィトゲンシュタインの自我論には教育学的に重要な意義が含まれていると考えられる。しかしながら、自我について論じる際にウィトゲンシュタインがとる方法はきわめて特殊なものであり、そのイメージを明確につかみ取ることは困難であると言える。たとえば入不二基義は、この特殊性を次のように表現する。

〈強力で特異な「私」というあり方は、強力で特異であるがゆえに、消え去り見えなくなる〉。ウィトゲンシュタインは、その生涯の哲学を通じて、独特のやり方で「私」の消去を試みた。それは、「私」など大した存在ではないと考えるからではなく、むしろ逆である。強度があまりにも大きいからこそ、「私」は消え去り見えなくなるのがふさわしい。「私」はすべてであるからこそ、「私」は無に等しいのである。（入不二 2006, 8）

ウィトゲンシュタインの哲学において、自我は語りうることの世界から語りえぬものとして消去される。第1章1節でも簡単にふれたように、『論考』の前期ウィトゲンシュタインにおける自我の消去は、語りうることの範囲を「自然科学の命題」（TLP 6.53）に限定することで成立していた。これに対して『探究』の後期ウィトゲンシュタインは、考察の場を日常言語に移したうえで、「言語の限界」をめぐる思考を再開することになる。

後期ウィトゲンシュタインが降り立った日常言語という「ザラザラした大地」(PI 107)において、言語は常に新しい使用に開かれており、語の使用法の数だけ言語ゲームが存在する。そこでは「新しいタイプの言語、新しい言語ゲームがいわば生まれ、他のものが廃れ、忘れ去られていく」(23)。こうして語りうることと語りえぬものの境界線が不明確になったことで、『論考』の自我は二重の影響を受けることになる。すなわち、既存の自我を超える可能性がもたらされると同時に、語りえぬものとしての自我の確実性は不安定なものとなるのである。そして、自我が語りえぬものとしての確実性と安定性を揺るがされ、可能性へと開かれるためには、同じく語りえぬ何らかのものからの接触を受けなければならない。ここで登場するのが、学ぶ者としての自我にとっての他者、すなわち教える者という他者の存在と言語である。

ウィトゲンシュタインは死の二日前に至るまで、自我に関する思索を展開し続けた。その結果、ウィトゲンシュタインは語りえぬものとしての自我を、どのような形で見出したのであろうか。以上の問いのもと、本章ではウィトゲンシュタインの自我論に焦点を当て、他者の存在と言語が自我に及ぼす作用について考察する。以下ではまず『論考』の自我論を概観し、次に『探究』以降の後期哲学に現れる「まったくの謎(Rätsel/enigma)でありうる」(p. 235)者としての他者が、自我の成立と拡大に際して担う役割を確認する。最後に、前期、後期それぞれの自我論の対比を通じて、言語ゲームへのイニシエーションのプロセスのなかで、教える者の意図を超えて伝達されうる事柄について指摘したい。

前期ウィトゲンシュタインの自我論と語りえぬもの

前期ウィトゲンシュタインが提示する「自我（das Ich/the I/the self）」（TLP 5.64）の特殊性は、『論考』の言語論と密接に関連している。『論考』のウィトゲンシュタインによれば、すべての命題は、「名」の連鎖である「要素命題」（4.22）に否定や選言などの「真理操作」（5.234）を繰り返し適用することによって作り出される。名は世界の側の「対象」（3.203）に、要素命題は世界の内部で生じうる「事態」（4.21）に、要素命題に真理操作を加えることで得られる「命題」（5.3）は、世界内で実際に成立している「事実」（2）にそれぞれ対応するというように、世界と言語は「論理形式」（2.18）の共有を通じて一対一の対応関係に置かれている。

飯田隆の暫定的な解釈によれば、「言語理解の主体、語を実在の構成要素へと対応づけることによって、命題を可能な事態へと「射影する」主体」（飯田 2005, 107）として現れるのが『論考』の自我である。(2) ここで世界と言語を対応づける自我の存在を、言語によって言い表すことはできない。もし自我が世界内に存在する一つの対象なのだとすれば、この事実を語るためのさらなる言語があることになる。しかしそうすると、「この言語と「私」を含む世界との対応づけを可能とする、さらなる「私」があるのでなくてはならないことに」（107f.）なり、無限後退に陥るばかりか、そのなかで最終的に自我が言語によって語られることは論理的にありえないからである。

自我が世界内の対象ではありえない理由について、ウィトゲンシュタイン自身は「本」の比喩を用いて次のように論じている。

> 『私が見出した世界』という本を私が書くとすれば、そこでは私の身体についても報告がなされ、またどの部分が私の意志に従い、どの部分が従わないか等々が語られねばならないだろう。これはすなわち主体を孤立させる方法、というよりもむしろある重要な意味において主体が存在しないことを示す方法である。つまり、この本のなかで論じることのできない唯一のもの、それが主体なのである。（TLP 5.631）

『私が見出した世界』という本には、おそらく私の身体や心の働きに関する記述が含まれているであろう。世界内の一対象としての私についてであれば、『論考』の言語によって語ることができる。しかしながらウィトゲンシュタインがここで「主体」と呼んでいるのは、身体と心をもった客観的存在としての私、すなわち「動作主体としての私」ではなく、世界内での私の行為や心の動きを対象として切り出す「存在論的経験の主体としての私」（野矢 2006, 244）である。本の比喩で言えば、著者である私自身の存在がこの本のなかで直接語られることはありえず、それはむしろ本があることとそれ自体によって示されるほかない。それゆえウィトゲンシュタインにとって、世界のなかに「思考し表象する主体は存在しない」（TLP 5.631）のである。

ウィトゲンシュタインはさらに、「独我論が言わんとすることはまったく正しい。ただ、それは語られえず、示されるのである」（5.62）としたうえで、「独我論を徹底すると純粋な実在論と一致することがここに見て取れる。独我論の自我は広がりを欠いた点にまで縮退し、自我に対応する実在が残される」（5.64）と述べている。ここで、「世界とは私の世界である」と主張するのが通常の独我論である。他方で、『論考』に「思考し表象する主体」としての私は存在せず、あるのは端的に「世界」でしかない。通常の独我論はこの私を「世界の限界」（5.632）に位置づける言語論によって徹底化され、自我は「世界と生とは一つである」（5.621）という形で「世界の限界」と一致し、最終的には自我すなわち世界の実在だけが後に残されることになる。[3]

このように、ウィトゲンシュタインは独自の言語論と独我論の徹底化を通じて、自我の存在を語りえぬものの領域に位置づけている。重要なのは、自我との同型性が倫理や宗教的信仰についても確認できるということである。語りうることを自然科学的な事実に限定したウィトゲンシュタインにとって、価値についての語りはナンセンスでしかない。そもそも「世界のなかに価値は存在しない」（6.41）からである。他方でウィトゲンシュタインは「倫理的なものの担い手たる意志について語ることはできない」(6.423)と述べ、次のように論じている。

> 善き意志あるいは悪しき意志が世界を変化させる時、変えうるのはただ世界の限界であり、事実ではない。すなわち、言語で表現しうるものを変化させることはできない。つまりそうした意志によって、世界は全体として別の世界へと変化するのでなければならない。いわば、世界全体が弱まったり強まったりするのでなければならない。幸福な世界は、不幸な世界とは別物である。(6.43)

倫理は言語によって語られるものではなく、自我の意志によって担われるものである。そして、この意志のあり方に応じて自我すなわち世界の様態は変化する。倫理が問題となるのは世界内部の事実ではなく、「世界の限界」である自我の生き方やあり方であるがゆえに、「倫理は超越論的」(6.421)なのである。

さらに、同様のことが神への態度としての宗教的信仰にも当てはまる。[4]『論考』では、「神は世界のなかに姿を現しはしない」(6. 432)とされ、「だがもちろん言い表しえぬものは存在する。それは示される。それは神秘である」(6.522)と論じられる。こうして宗教的信仰もまた自我のあり方に関連するものとして、「世界の限界」に位置づけられる。ウィトゲンシュタインにとって、「論理の論理性、倫理の倫理性、そして一般に限界の限界性はこうした具体的

「私」の存在と不可分」（鬼界 1998, 47）であり、自我、倫理、宗教的信仰はともに語りえぬものとして分かちがたく結びついている。

以上のような内容からなる前期ウィトゲンシュタインの自我論には、これまでも様々な批判が向けられてきた。ここでは、代表的な論者であるH・スルガの解釈を参照しておきたい。スルガによれば、『論考』の自我論の倫理的意義は何よりも、自我の自然科学的な解明を試みる「客観主義（objectivism）」（Sluga 1996, 330）の流れに抗して、自我を語りえぬものの領域に定位したことにある。『論考』という書物自体は、「世界を完全に客観的な用語で特徴づける」という、「近代科学と哲学の大半を魅了した、壮大なプロジェクトの一部をなしている」（Sluga 1983, 125）。それゆえ、語りうることは「自然科学の命題」（TLP 6.53）に限定されている。他方で、「客観主義」が「人間の主体性を世界のなかに位置づける時、そこには常に人間主体を世界のなかの対象として［……］考えてしまう危険性がある。こうした考え方は、破壊的な道徳的帰結をもたらしかねない」（Sluga 1983, 136f.）。すなわち、ウィトゲンシュタインは語りうることを自然科学の命題に限定し、自我をその範囲外に置くことで、自然科学的な対象化、道具化の流れから自我を保護したのである。

しかしながら、独我論の徹底化を前提とするこの自我論には、自我が他者とともに存在することで成り立つはずの、「個別性」（133）、「主体の複数性」、「パースペクティヴ性」（134）、「人間の行為に関する一貫した説明」、「共同体」（135）といった観点が欠けている。スルガに従えば、結局のところ「『論考』の言語は世界を表象するためのメディアであり、世界のなかでコミュニケーションを行うためのものではない」（ibid.）のである。その一方で、スタンディッシュ、M・ピーターズ、マーシャルが着目していた動態的な自我は、後期哲学において『論考』の自我へと至るプロセスが問い直される際に現れるものである。この点を確認するために、次節では後期ウィトゲンシュタインの自我論を取り上げることにしたい。

2　自我の確実性と不確実性

後期ウィトゲンシュタインの自我論

「論理は世界を満たす。世界の限界は論理の限界でもある」（TLP 5.61）と論じた前期ウィトゲンシュタインにおいて、「世界の限界」としての自我の内部は厳密に定義された論理的言語によって構成されていた。『論考』の言語からは、自我の存在を脅かす非論理的で予測不可能な要素があらかじめ排除されており、世界の内部には自我の存在を脅かすいかなる可能性も不可能性も存在しない。ここには、「論理的必然性のみが存在するように、ただ論理的不可能性のみが存在する」（6.375）。それゆえ前期ウィトゲンシュタインは、自らの自我が「絶対に安全」であり、世界の内部でたとえ「何が起ころうとも私は安全である」（LE 9）と述べることができた。

「生涯〝不意打ち〟に弱く、それを恐れつづけた」（飯田・中井 1972, 130）ウィトゲンシュタインにとって、自我の確実性は常に重要な問題であり続けた。[5]『論考』においては、独我論の徹底化と論理的言語への限定という二つの理論的制約を通じて、この確実性が保障されていた。ところが、「論理形式」や「要素命題」といった『論考』の理論的装置に矛盾が見出されたことで、自我の確実性はあらためて問いに付されることになる。[6] 後期ウィトゲンシュタインは『論考』の理論的装置を破棄し、非論理的で予測不可能な要素を含む日常言語に考察の場を移した後、それでもなお自我が確実なものであり続けるための条件を段階的に確認しようと試みる。そして、このような問題関心のもとで新たに考案されたのが、言語ゲームの記述という手段なのである。

ここでは再びスルガの研究をてがかりに、後期ウィトゲンシュタインの自我論を概観しておきたい。先に見たように、スルガは「客観主義」（Sluga 1996, 330）への抵抗を前期ウィトゲンシュタインの自我論に読み取っていた。スルガによれば、自我を客観的な言語で記述可能な世界内の対象として捉えようとする時代傾向に対して、後期ウィトゲンシュタインはなおも抵抗の姿勢を貫いている。ただし、『論考』の理論的装置を破棄した後期ウィトゲンシュタインにとっては、『論考』の「独我論に陥らずに、反デカルト主義や反客観主義に関する洞察を保持することが可能であると示す」（ibid.）ことが最大の課題となる。その結果、後期ウィトゲンシュタインは「コミュニケーションのシステム」(BB 81)としての言語における、「私」という語の使用法へと目を向けることになる。

後期ウィトゲンシュタインが着目するのは、たとえば「私」という語の「客観としての使用」と「主観としての使用」(66)の区別である。前者の例としては「私の身長は六インチ伸びた」や「風が私の髪を吹き散らした」(ibid.)といった言明が、後者の例としては「私にはこれこれが見える」、「私は雨が降ると思う」、「私は歯が痛い」(66f.)といった言明が挙げられる。両者の違いについてウィトゲンシュタインは、客観としての使用には「特定の人物による認知(recognition)が含まれており、したがってこれらの場合には誤りの可能性がある、あるいはむしろ誤りの可能性が準備されている、と言うべきであろう」(67)と指摘する。これら二つの用法は『探究』へと引き継がれ、「私は痛い」という発話は「感覚の原始的(ursprünglich/primitive)で自然な表出(Ausdruck/expressions)と結びついており、その代用として用いられる」という見解が、「二つの可能性」(PI 244)として提示される。

このように、後期ウィトゲンシュタインは自我の本性の解明ではなく、「私」という語の使用法の展望へと向かう。「自我(ego)が心的であると言うことは、数字の「3」が何らかの物理的対象の記号ではないことに気づいて、それゆえ数3は心的または非物質的性質をもつと言うようなものである」(BB 73)と述べる後期ウィトゲンシュタインは、『論考』と同様に「客観主義」への抵抗姿勢を保持していると言えるであろう。後期ウィトゲンシュタインがあくまで自我にかかわる語の分析に終始する理由について、スルガは次のように論じている。

この反理論的な態度は、『論考』の反客観主義と後期著作の反指示説をともに支える基盤となっている。自我の本性に関する問題は、理論を構築することによっては解決されえない。自我は対象ではなく、「私」という語は何かの名でも記述でもない。生の問題とまったく同様に、自我の本性に関する問題は当の問題が消え去ることにおいて解決をみる。われわれが自我についてもはや関心を抱かず、自我の本性をめぐる問いに悩まされることなしに世界と対峙することを学んだ時に、この問題ははじめて解決する。こうした理由から、ウィトゲンシュタインは自我の本性に関する積極的な説明を提示しないのである。（Sluga 1996, 343）

スルガの見立てによれば、後期ウィトゲンシュタインは自我の本性に関する問題を、「私」という語の使用法のレベルへと解消することを試みた。「私」という語の客観としての用法と主観としての用法の差異や、「私は痛い」という発話に伴う表出機能に着目することで、自我をめぐる問題が消え去ることを望んだのである。こうして自我を依然として語りえぬものの領域に留め置こうとする後期ウィトゲンシュタインの哲学に、スルガは『論考』と同様の限界を見出している。(7)

たしかなのは、ウィトゲンシュタインは自我に関する客観主義的な説明の廃絶を自らの課題としており、自我形成のプロセスで生じる哲学的な問題に取り組みはしなかったということである。われわれはこの点に、自我に関する彼の思考の限界を見ることができる。さらに言えば、このことが道徳的な問題をめぐるウィトゲンシュタインの射程を限定的なものにしてしまっているのである。(350)

スルガの批判に対して以下本章では、後期ウィトゲンシュタインの哲学を教育学的観点から読み解くという、本書の目的を遂行することでこたえたい。これまで論じてきたように、後期ウィトゲンシュタインは『論考』の自我の成立プロセスをあらためて問いに付している。『探究』では、「赤」や「二」といった単純な語から「数列」などの規則を経て、最終的には「人間についての知」(PI p. 239) 一般へと至る多様な事柄の教育が問題となる。さらに『確実性について』(一九六九年、以下『確実性』と略) では、語りうることのみならず語りえぬものについても、それらがいかにして学ばれるのかが問われている。つまり、「自我形成のプロセスで生じる哲学的な問題に取り組みはしなかった」とは言い切れない数多くの重要な論点が、たしかに存在するのである。

自我と他者

先述したように、前期ウィトゲンシュタインは通常の独我論を言語論的観点から徹底化することで、自我と世界の存在を導き出していた。「世界とは私の世界である」と論じる通常の独我論は、自我を語りえぬものとして「世界の限界」に位置づける『論考』の言語論によって純化され、世界の存在そのものと同一視されていた。語りうることからなる言語の領域に制約を加えることで、語りえぬものの存在を導出するという『論考』の構図を支えていたのは、「「存在と言語」という問題意識そのもの」（中田 2008, 47）である。そしてこの「存在と言語」という構図には、自我は言語を身につけることではじめて存在として生起し、自我として成立するのだという観点が暗に含まれていたとも言える。(8)

これに対して、「われわれは自らの生を子どもとして開始したのだという事実」（Cavell 1979, 124）を認識した後期ウィトゲンシュタインは、存在と言語が未分化な段階の子どもから『探究』での記述を開始する。『探究』のウィトゲンシュタインがまず想定するのは、言語習得プロセスの最も初期の段階にある子どもである。そして、この段階の子どもとともに登場するのが、「教える者」（PI 6）という他者である。『探究』第六節に現れるこの他者は、自我が成立する以前の子どもに語りかける、「まったくの謎でありうる」（p. 235）者としての他者であるだろう。教える者という他者の存在は、学ぶ者の自我を成立させるための契機として、存在と言語が未分化な子どもとともに要請されているのである。また同時に、「世界を表象するためのメディアであり、世界のなかでコミュニケーションを行うためのものではない」（Sluga 1983, 135）『論考』の言語が、『探究』においてはこの他者とのコミュニケーションを通じて子どもに付与され、自我の成立を可能にするものとして捉え直されている。[9]

このように、学ぶ者の観点に着目することで前景化されるのは、他者の存在と言語が担う重要な役割である。教える者とのコミュニケーションによって生まれる『探究』の自我は、もはや完成された大人の自我としてイメージされてはいない。同様に、語りうることの範囲に論理的制約を加えることで成り立っていた「言語の限界」という概念にも、いまや異なった意味づけがなされている。すなわち、後期ウィトゲンシュタインの言う「限界」には、「牢獄の格子が課すような限度（limitation）」ではなく、「そこから足がかりを得て前進することができるような、ザラザラした大地という限界（limit）」、「創造性が力を発揮しうるような空間を確定する限界（limit）」（Standish 1992 = 2012, 72 = 158）という意味が含まれているのである。

「言語の限界」の拡大とともに、「世界の限界」としての自我もさらなる拡大へと開かれる。しかしながら、語りえぬものとしての自我が拡大へと向かうためには、自らの存在を揺るがす別の存在と出会わなければならない。そして、自我の成立契機であると同時に自我の確実性を脅かす存在であるのもまた、他者なのである。[10] 他者の存在と言語が自我に及ぼす影響について、ウィトゲンシュタインは『確実性』のなかで次のように述べている。[11]

火にかけた水が凍ったとすればもちろん私は仰天するであろうが、私の知らない何らかの影響を想定して、物理学者に問題の判断を委ねるであろう。――しかしながら、この人物が長年知っているN・N氏であるということを私に疑わせるようなものが、そもそも存在するであろうか。ここでの疑いは、すべてを巻き込んで混沌のなかに落とすような疑いであろう。（OC 613）

誰もが私に反対して、この人物の名は私がこれまで知っていた（私はここで意図的に「知っていた」という語を用いている）ものとは違うと言ったとしよう。その場合、私はあらゆる判断の基盤を奪われることになるであろう。（614）

ここでウィトゲンシュタインは一人称単数での語りを通じて、長年知っている他者によって自我の確実性が支えられていると同時に、懐疑論者によってこの事実へと向けられる懐疑が、自我の存在そのものを根底から脅かすものであることを表明している。ウィトゲンシュタインが念頭に置いている対話者は懐疑論者にほかならず、彼は自我のもつあらゆる知識とその根拠に疑いを差し向ける。科学的知識を覆す事実に遭遇し、その確実性が揺らぐことは自我の確実性にとってさほど問題とはならないが、他者に関する知識が懐疑によって揺るがされることは、自我の確実性が不確実なものへと転化することを意味する。自我に成立契機を与え、確実性を保証する者が他者であり、その確実性を不安定なものへと陥れる者もまた、懐疑論者という名の他者なのである。こうした他者との関係性のなかで、自我は一方で自らの確実性を見出し、他方でその安定性を揺るがされることによって拡大への可能性を手にすると同時に、存在の危機に見舞われる。他者とのこの矛盾に満ちた関係性のなかでのみ、自我の拡大は可能なのである。(12)

3　語りえぬものの伝達可能性

後期ウィトゲンシュタインは『論考』の自我へと至るプロセスの記述を通じて、自我との関係性のなかで他者が担う本質的な役割を認識することになった。次に問題となるのは、他者との矛盾に満ちた関係性のなかで、具体的にいかなる事柄が自我に伝達されうるのかということである。先に確認したように、『論考』の自我は倫理や宗教的信仰といった語りえぬものの存在をすでに了解している、「倫理的なものの担い手」(TLP 6.423) として捉えられていた。(13) そして「語りえぬものについては、沈黙せねばならない」(7) という『論考』の結語は、一種の倫理的な要請として提示されていた。しかしながら後期ウィトゲンシュタインは、言語ゲームへのイニシエーションのプロセスにおいて、語りえぬものがまさに教育によって伝達される可能性について指摘している。『探究』第一部完成（一九四五年）以降の一九四九年と五十年にそれぞれ書かれた手稿のなかで、ウィトゲンシュタインは次のように記している。

この教え［運命論］は、倫理の教育（ethische Erziehung/ethical training）ではありえないであろう。倫理の教育をするとともにこのことも教えようと思うなら、倫理の教育の後で、この教えを一種の不可解な神秘のようなものとして提示しなければならないであろう。（CV 93）

神の存在証明とは本来、神の存在を確信させうるものであるべきだろう。しかしながらこうした証明を提供する信者たちは、彼ら自身は証明によって信仰に達したわけでもないのに、自らの「信仰」を彼らの知性によって分析し、基礎づけようとしているように思われる。「神の存在を確信させる」ことができるのは、一種の教育（Erziehung/upbringing）によって、つまり自らの生を何らかの仕方で形づくることによってなのかもしれない。人生を通じて「神の信仰」へと教育されることはありうる。そして経験もまたこのことをなしうるが、「この存在が存在すること」をわれわれに示すような幻影や、その他の感覚的経験によっては不可能であり、たとえば様々な苦悩によってなら可能である。そして、これらは感覚的印象が対象を示すような形でわれわれに神を示すわけではなく、神を推測させ

るわけでもない。経験、思想――つまり、人生によって神の概念が押しつけられうるのである。（97）

『論考』のウィトゲンシュタインは、倫理を語りえぬものとして捉えていた。こうした倫理観は、『探究』のウィトゲンシュタインにおいても保持されている[14]。それにもかかわらずここでウィトゲンシュタインは、「倫理」や「神の信仰」といった自我のあり方、あるいは「客観的知識の対象ではなく、個人の態度決定に委ねられる問題」（古田 2000, 117）が、広義の「教育」によって伝達される可能性について論じている。後期ウィトゲンシュタインにおける「言語の限界」としての自我は、人生のなかで「自らの生を何らかの仕方で形づくる」存在としてイメージされている。ここではさらに一九三九年から四十年にかけての手稿と、一九四七年に書かれた手稿を同じく『文化と価値』（一九七七年）から引用しておきたい。

今日の人々は、学者や科学者は彼らに教えるために存在し、詩人や音楽家などは彼らを楽しませるために存在するのだと考えている。後者が彼らに何かを教える（*lehren/teach*）のだということに、彼らは思い至っていない。（CV 42）

宗教的信仰とは、ある座標系（Koordinatensystem/system of coordinates）を情熱的に受け入れる

> （といったような）ことでしかないように思われる。したがって、たしかに信仰ではあるのだが、一つの生き方、ないしは生の判断の仕方なのである。情熱的にこうした捉え方をすることなのである。それゆえ宗教的信仰の指導（Instruktion/instructing）は、その座標系（Bezugssystem/system of reference）を描写し、記述すると同時に、良心へと語りかけることでなければならない。そして最終的にはこれら両方によって、指導を受ける者は自らその座標系を情熱的に受け入れなければならない。それはまるで、誰かによって一方では私の絶望的な状況を見せつけられ、他方では命綱を投げてもらうようなものである。最後に私は自ら、あるいはいかなる場合にも決して指導者（*Instructor/instructor*）に手を引いてもらうことなくそこへと走り込み、それをつかむのである。（73）

これらの引用のなかでウィトゲンシュタインは、学ぶ者の観点から、詩人や音楽家から何かを教わる可能性や、指導者によって宗教的信仰へと至る可能性について述べている。詩人や音楽家たちは、必ずしも鑑賞者に何かを教える意図をもっているわけではない。それにもかかわらず、われわれは詩や音楽から人生の指針を教わることがある。また、宗教的信仰を指導することも十分に可能である。とはいえわれわれがそれを「情熱的に受け入れる」には、指導者の手をあえて離し、自らの意志でそうすることが必要不可欠である。ここで言及されている「座標系」という概念は、第5章3節で引用した『探究』第二〇六節にも登場していた。そこではわれわれのコミュニケーションの基盤となる「人間共通の行動様式」が、「座標系」（PI 206）と言い換えられていた。座標系とはわれわれの言語実践を支える背景であるがゆえに、それ自体は語りえぬものであり続ける。宗教的信仰という座標系もまた、われわれの言語実践のなかで、「一つの生き方、ないしは生の判断の仕方」として示されるべきものである。ウィトゲンシュタインの後期哲学においては、座標系という語りえぬものの教育可能性が自己反省的に問われていると言えるであろう。

このように、ウィトゲンシュタインの哲学を「教える−学ぶ」という観点から眺めることによって得られるのは、倫理や宗教的信仰といった自我のあり方にかかわる事柄が、教育によって伝達される可能性についての洞察である。語りえぬものは、伝ええぬものであるとは限らない。ウィトゲンシュタインにとって教育とは、「描写」や「記述」を超えて、時に語りうること以上に重要な事柄が伝達されるものとして認識されている。後期ウィトゲンシュタインが「教える−学ぶ」という観点から明らかにしたのは、自我の確実性の基盤であると同時に、語りえぬものを伝えることによってその確実性を揺るがし、逆説的に自我の創造的拡大を可能にする者としての他者の存在なのである。

教育は子どもの変化を促すと同時に、子どもの自我の同一性を保証するという矛盾した課題を抱えている。教育は一方を欠いては何ら創造的な営みではありえず、他方を欠いては子どもに対する責任を果たしえない。この意味で、子どもの「潜在的他者性」（丸山 2000, 117）に留意しつつ、暴力的な介入を避けることは、たしかにウィトゲンシュタインの哲学から導き出されうる重要な帰結であると言える。しかしながらウィトゲンシュタインは、自我の確実性を保証するとともに、それを揺るがすことによって創造性の行使を可能にするという、教育において他者が担う二重の役割を見出しているように思われる。ウィトゲンシュタインの哲学は、教育が抱える相互に矛盾した二つの課題を、「教える－学ぶ」という両方の観点から分析するための視座をわれわれに示しているのである。

本章では以上のような論点を、『確実性』や『文化と価値』のいわゆる最晩期ウィトゲンシュタインの哲学から抽出してきた。次章では最晩期ウィトゲンシュタインの代表的な著作である『確実性』を中心に考察を進め、「言語の限界」をめぐるウィトゲンシュタインの思考の到達点を確認することにしたい。

第7章　教育と言語の限界

第6章では前期、後期ウィトゲンシュタインの自我論をてがかりに、言語ゲームへのイニシエーションのプロセスにおいて、教える者の意図を超えて伝達されうる事柄に焦点を当てた。『論考』の前期ウィトゲンシュタインは、倫理や宗教的信仰を語りえぬものとして捉えていた。これに対して『確実性』や『文化と価値』の最晩期ウィトゲンシュタインは、これらの教育可能性について言及していた。語りうることの領域を論理的言語に限定することで成立していた『論考』の自我は、日常言語の領域に「言語の限界」が拡大されたことによって、他者との関係性へと開かれることになる。『探究』以降の自我は、教える者や身近な友人といった他者との関係性のなかで、倫理や宗教的信仰などの自我のあり方にかかわる事柄を身につけ、『論考』で想定されていた大人の自我へと近づいていくのである。

本章では第1章3節で指摘した先行研究の問題点を再確認した後、近年注目が集まる最晩期ウィトゲンシュタインの哲学を取り上げる。なかでも着目したいのは、『確実性』に登場する「蝶番」という概念である。「言語の限界」をめぐる思考の末にウィトゲンシュタインが見出したのは、蝶番あるいは蝶番命題と呼ばれる特殊な事柄の存在であった。本章ではこの蝶番（命題）の位置づけに関する解釈上の対立と、最晩期ウィトゲンシュタインの思考プロセスをともに教育学的観点から捉え直すことによって、教育におけるもう一つの倫理のあり方を示したい。

1 蝶番のパラドクス

第三のウィトゲンシュタイン

第1章2節で確認したように、一九九〇年代はかつての分析的教育哲学が規範的教育哲学へと「実践的転回」(Cuypers and Martin 2013, 225) を遂げた時代であった。価値多元化がますます進行する社会状況を前に、教育哲学者たちはカリキュラム政策や職業教育といった実践的課題への応答を迫られた。こうしたなかで公刊されたのが、P・スタンディッシュの著書『自己を超えて』（一九九二年）である。スタンディッシュのこの著書を貫くのは、「言語の限界」というモチーフである。スタンディッシュはこのモチーフを『論考』のよく知られた一節――「私の言語の限界が私の世界の限界を意味する」(TLP 5.6) ――から取り出し、次のように論じている。

言語の分析は言語の限界を示す。言語の限界の重要性と深く絡み合う「限界（limit）」という用語には、豊かさがある。［……］限界は、われわれが当然のことながら超えようとする、あるいは少なくとも超えたいと望むような類の否定的な制約である。他方で「限界」は、ある状況が差し出す到達可能性といった意味合いをもつかもしれない。［……］前者における、制約あるいは欠落という否定的な意味合いは、より明白に否定的な「限度（limitation）」という語によって伝えられるが、「限界」はより豊かな概念として用いられるであろう。（Standish 1992＝2012, 38f＝101）

『自己を超えて』の第五章では、言語の「限界」と「限度」の解明という新たな分析の方法が、教育目的として最重要視されてきた「自律性」概念に適用される。スタンディッシュがそこで目指すのは、「自律性の多大な影響力を被ることのない善き生活の可能性」や、「自律性をもつことが、実のところ善き生活の妨げとなる可能性」（204＝409）に目を向けることで自律性の限度を明るみに出し、理想化され宙に浮いたそれを「ザラザラした大地」（72＝158）へと引き戻したうえで、到達可能性としての自律性の限界を示すことである。

『自己を超えて』の原著が出版された一九九〇年代以前にも、ウィトゲンシュタインの哲学は教育学に少なからぬ影響を及ぼしていた。とはいえこの時期の教育哲学は、家族的類似性や言語ゲームといったウィトゲンシュタイン哲学の主要概念を援用するレベルにとどまっていた。スタンディッシュの功績は、ウィトゲンシュタインとM・ハイデガーとの関連性（序章）、私的言語論（第二章）、建築者の言語ゲーム（第三章）、独我論（第四章）などの議論の詳細に踏み込み、教育学的観点からいち早くウィトゲンシュタイン哲学の内在的分析を試みた点にある。なかでも「言語の限界」の解明という分析の手法は、教育にかかわる諸概念の論理分析に終始してきた従来の分析的教育哲学の限界を、超えうるものであると言えるだろう。

他方で、『自己を超えて』の原著出版から現在までの間に、ウィトゲンシュタイン研究は新たな展開を迎えている。特に顕著なのは、『探究』以降のウィトゲンシュタインへの注目である。イギリスにおける代表的なウィトゲンシュタイン研究者であるD・モイヤル＝シャーロックは、『確実性』や『心理学の哲学』（一九八〇年）などの著作に表れる、『探究』で到達した地点を超えるウィトゲンシュタインを「第三のウィトゲンシュタイン」（Moyal-Sharrock 2004, ix）と名づけ、数々の魅力的な解釈を提示している。また日本においても、最晩期ウィトゲンシュタインを扱った重要な業績が生まれている（鬼界 2003、山田 2009 等）。『自己を超えて』では、主に『探究』の後期ウィトゲンシュタインが考察対象とされていた。もし「第三のウィトゲンシュタイン」が存在するのであれば、『自己を超えて』の時点での「言語の限界」にはさらにその先があったということになる。

本書の目的は、こうした近年の研究動向を踏まえたうえで、スタンディッシュが受容した「言語の限界」という思想を教育学的観点からさらに深化させることにある。そのためにまずは『確実性』の主題を確認し、そこに潜むパラドクスについて指摘する。次にこのパラドクスをめぐる諸解釈を概観し、論者たちの対立点を明らかにする。最後に、『確実性』に内在する「教える－学ぶ」関係への着目を通じて、ウィトゲンシュタインが最終的にいかなる「言語の限界」に到達したのかを確認したい。

ムーア命題と最晩期ウィトゲンシュタイン

『確実性』はG・E・ムーアの論文「常識の擁護」（一九二五年）および「外的世界の証明」（一九三九年）を契機に、ウィトゲンシュタインが死の二日前まで綴ったノートからなる。ムーアは後者の論文のなかで、およそ証明が証明であるためには、第一に「私が結論を証明するために提示した前提が、私がそれを用いて証明しようとする結論と異なっていること」、第二に「私の提示した前提が、私が事実だと知っていた事柄であること」、第三に「結論が実際にその前提から導出されること」（Moore 1959, 146）という三つの要件を備えていなければならないと述べた。そして、「ここに一つの手がある」、「ここにもう一つの手がある」と言って自らの手を見せることで、「私は事実上、外的な事物の存在を証明した」（ibid.）と論じたのである。懐疑論者たちにとって最も疑わしいのは、この「証明」が第二の要件を満たしているかどうかである。彼らが問題とするのは「ここに手がある」という前提それ自体の根拠であり、ムーアの証明にはこの点に関するさらなる証明が欠けている。ムーアはこうした批判を先取りして、たとえ証明できなくとも「知っている」と言える命題が数多く存在すると述べ（150）、「いまここに生きた人間の身体があり、それは私の身体である」、「地球もまた、私の身体が生まれるはるか昔から存在していた」（33）、そして「ここに一つの手がある」（146）などの命題を具体例として挙げた。

一般的な解釈によれば、ウィトゲンシュタインはこれらの命題はその真偽を問うことも、それについて「知っている」と言うことも不可能なのだという仕方で、ムーアの議論に反論を加えたとされる。[1]

> 私はこう言いたい。ムーアは彼が知っていると主張することを知っているのではなく、それはムーアにとって、また私にとってもたしかな事柄なのである。それをたしかだと見なすことは、われわれの疑いと探究の方法の一部をなしている。（OC 151）

ムーア命題が言い表しているのは、それに対する疑いが、「われわれの生活における「誤謬」と「真理」の役割を変えてしまう」（138）ことになるようなレベルの自明な事実である。実験室にいる科学者にとって「実験器具が存在する」という命題がそうであるように、これらの命題によって表現される事柄は、何かについての知識を主張し、あるいは疑いを差し挟むことがそもそも可能であるための背景を織りなしている。そしてわれわれはこの「科学と教育によって結ばれた一つの共同体」（298）のなかで、「伝統として受け継いだ背景」（94）のもと、日々の生活を営んでいる。

一般的な経験命題とこれらの特殊な経験命題との関係を、ウィトゲンシュタインはドア本体と「蝶番（Angeln/hinges）」（341）との関係に喩えている。ドア本体は動くことでドアとして機能し、デザインや材質や補修の有無といったことはたいした問題にはならない。他方、蝶番は壁に固定されたままの状態で、ドア本体の回転を支えている。蝶番はたしかにドアの一部ではあるが、蝶番が壊れてしまえばドア全体が動かなくなってしまう。命題についても同様に、ムーアが挙げた特殊な経験命題は――形式上は――多様な経験命題のなかの一つでしかない。しかしながら、たとえば「地球もまた、私の身体が生まれるはるか昔から存在していた」といった命題への疑いは、われわれが営む言語ゲーム全体の流れを停止させてしまう。すべてを疑う疑いはそもそも疑いではありえず、何かを疑うという言語ゲームが可能であるためには、「ある種の命題が疑いから除外され、問いや疑いを動かす蝶番」（ibid.）として固定されていなければならないのである。(2)

蝶番と「言語の限界」

『確実性』には多種多様な蝶番が登場する。モイヤル＝シャーロックはそれらを、「個々の語や数の使用を簡潔に定義する厳密な文法的規則」としての「言語的蝶番」、「自伝的」で「特異なもしくは普遍的な基礎となるもの」としての「個人的蝶番」、時代状況に応じて普遍性の度合いが変化する「局所的蝶番」、「通常の人間にとっては断念することが不可能」な「普遍的蝶番」の四つに分類している（Moyal-Sharrock 2007a, 102f.）[3]。第一の「言語的蝶番」には、「2×2＝4」（OC 455）や「この色はドイツ語で「緑」と呼ばれる」（624）などの蝶番が含まれる。第二の「個人的蝶番」は、「私は月に行ったことがない」（111）や「私はいま昼食をすませたばかりだ」（659）などの、「私」を主語とした蝶番からなる。第三の「局所的蝶番」の例として挙げられるのは、「誰も月に行ったことがない」（106）や「地球は丸い」（291）などの蝶番である。そして最後の「普遍的蝶番」は、「物理的対象が存在する」（35）、「地球は存在する」（209）、「私には先祖がいる」（234）などの蝶番から構成される[4]。

これらの蝶番はいずれも、疑いそのものを可能にする背景であるがゆえに疑いえず、経験一般の成立条件であるがゆえに非経験的なものでもある。ウィトゲンシュタインによれば、蝶番は「分別のある人」（19, 219, 324, etc.）であれば決して疑いを向けず、疑う人間の方が「狂っている（verrückt/crazy）」（217）と見なされるような内容をもつ[5]。また蝶番の根拠は経験にあるのではなく、むしろ蝶番という背景があってはじめてわれわれの経験一般が可能となる（130,

145）。葉の色を「緑」として経験するわれわれの言語実践は、特定の事物を「緑」と呼ばせる「言語的蝶番」の存在によって成り立っている。疑いえず、非経験的であることに加え、蝶番にはさらに次のような特徴がある。すなわち、蝶番は「われわれの言語ゲームの基礎に鋳込まれた」（558）事実として、あるいは言語ゲーム内部での言語実践を可能にする「座標系（Bezugssystem/frame of reference）」（83）として、「言語の限界」に位置づくものなのである。

蝶番それ自体はあくまでわれわれの言語実践の背景であり、通常の言語ゲームの内部においてことさらに表明されはしない」（87）。この点について、ウィトゲンシュタインは次のように述べている。

> 私がこれらの確信の体系を記述できるということではない。それにもかかわらず、私の確信は一つの体系、一つの組織をまさになしているのである。（102）

> よって私がすべての期間を通じて知っていることであっても、それを語り、その真理を主張することは、まったく意味をなさないように思われる。（466）

蝶番とは、その真理を主張することがそもそも意味をなさないような言語実践の座標系であり、背景である。言い換えるなら、蝶番はそれが蝶番「命題」として語られるやいなや、蝶番としての本来の役割を失ってしまう。ここで生じるのが、次のようなパラドクスである。

ウィトゲンシュタインの考える「蝶番」命題とは、日常的な文脈を想定すれば有意味になるが、しかし「蝶番」の役割は果たせなくなり、「蝶番」の役割を果たそうとすれば、用法をもたないために無意味になる命題ということになってしまう。ところが、日常的な文脈は無限に想定可能なのだから、どんな「蝶番」命題も有意味になる可能性があり、それゆえ真の「蝶番」命題とは、決して言表されることなく無意味なまま「存在している」ものでなければならないことになる。通常の言語ゲームには一度も現れないこのような命題が、はたして「蝶番」としての役目を果たしうるのだろうか。（中村 1999, 98）

中村昇が指摘するように、蝶番命題にコンテクストを与えることは容易い。「ここに一つの手がある」という蝶番命題は、たとえば手術後に麻酔から覚めた患者や、戦場で負傷した兵士の発話であるならば十分に意味をなし、真偽を問題にすることも可能であるだろう。しかしながらこのように言語化され、日常的なコンテクストを付与された途端、蝶番は蝶番ではなくなってしまう。さらに問題となるのが、『確実性』という著作自体の性質である。蝶番を語ることが意味をなさないのだとすれば、蝶番について語った『確実性』もまた、登りきった後には投げ棄てねばならない「梯子」（TLP 6.54）だということになるのであろうか。

2　蝶番をめぐる対立

モイヤル＝シャーロックの道具立て

最晩期ウィトゲンシュタイン研究のハイライトの一つとなっているのが、この蝶番のパラドクスである。蝶番の言語化可能性と『確実性』という著作自体の取り扱いをめぐって、研究者たちは様々な議論を展開している。本節ではモイヤル＝シャーロックの議論をてがかりに、『確実性』を整合的に解釈する可能性について考察したい。

蝶番のパラドクスを回避し、なおかつ『確実性』を有意味な著作として解釈するために、モイヤル＝シャーロックは一連の道具立てを準備する。彼女はまず、「いかなる語あるいはその組み合わせであっても、それについて話すことができる。しかし語る（gesagt）ことができるのは、意味のある語もしくはその組み合わせについてのみである」（Moyal-Sharrock 2007a, 44）と述べ、「語る（say）」と「話す（speak）」という対比を導入する。[6] モイヤル＝シャーロックによれば、最晩期ウィトゲンシュタインにおいてもなお、語りうることは言語ゲームの内部で使用され、意味をもちうるものに限られている。それゆえ、言語ゲームの背景である蝶番それ自体は、どこまでも語りえぬものであり続ける。その一方で、われわれは現にウィトゲンシュタイン自身がそうしているように、後述する特定の言語ゲームにおいては蝶番を言語化し、それについて「話す」ことができるのである。

「語る」と「話す」を区別したうえでモイヤル＝シャーロックが次に導入するのは、「ドッペルゲンガー」なるアイデアである。彼女によれば、ドッペルゲンガーとは「文法的な使用ではなく、いわば記述的ないしは表現的な使用をもつ［蝶番と］瓜二つの文」(93)を意味する。蝶番そのものは、決して言語ゲームの内部には現れない。それゆえ、『確実性』のなかでウィトゲンシュタインが話す蝶番命題をモイヤル＝シャーロックはドッペルゲンガーと名づけ、蝶番それ自体と区別する。すなわち、「言語ゲームの流れのなかで有意味な仕方で語りうるのは、蝶番の命題的で表現的なドッペルゲンガーのみであり、蝶番そのものではない」(97)とするのである。モイヤル＝シャーロックはさらに、『確実性』における「命題（Satz/proposition）」という語はすべて、「文（sentence）」と訳出すべきであると主張する(138)。蝶番それ自体は真でも偽でもなく、むしろ真偽の判定そのものを可能にする背景である。蝶番命題という形で表現される事柄がこうした性質をもつ以上、真偽の二値性を前提とする「命題」という語はふさわしくない。[7] よって『確実性』に現れる多種多様な蝶番命題はいずれも、真偽が問題にならない物質的な「文」として解釈すべきだと言うのである。

モイヤル＝シャーロックに従えば、ウィトゲンシュタインは『確実性』のなかで様々な蝶番の「ドッペルゲンガー」について「話し」、蝶番を命題的に表現した「文」をてがかりに、われわれの言語ゲームの背景とその確実性について考察した。その結果、ウィトゲンシュタインの目には何が映ったのであろうか。モイヤル＝シャーロックは次のように論じている。

『確実性』におけるウィトゲンシュタインの革新的な洞察は、哲学者たちが伝統的に「基礎的信念（basic beliefs）」と呼んできたもの――すべての知識が究極的に（ultimately）基づかねばならない信念――を、無限後退に陥らずにさらなる命題的信念に基礎づけることは不可能だというものである。彼はこうした確実性が実際には、いったん（たとえば哲学者によって）定式化されると（経験的な）命題に見えてしまうような、動物的あるいは非反省的な行為の仕方であることに気づいたのである。（Moyal-Sharrock 2013, 23）

知識の究極的な基盤は基礎的信念にではなく、われわれの動物的な行動様式にあるというのが、モイヤル＝シャーロックの解釈する最晩期ウィトゲンシュタインの「革新的な洞察」である。モイヤル＝シャーロックは蝶番のパラドクスに陥ることなくこの洞察を導き出すために、「語る」と「話す」の区別、「ドッペルゲンガー」、「文」としての蝶番命題などの解釈上の道具立てを準備した。これらのアイデアは蝶番それ自体の語りえなさという一点で結びつき、全体として一貫性のある解釈を『確実性』に与えていると言えるであろう。しかしながら、そこにまったく問題がないわけではない。そして「動物的確実性」（Moyal-Sharrock 2007a, 8）を含む彼女のアイデアのほぼすべてに反対しているのが、以下で紹介するA・コリヴァの研究である。

コリヴァによる反論

モイヤル＝シャーロックの解釈に対して、コリヴァは次のような反論を提起する。コリヴァによれば、まずドッペルゲンガーなるアイデアにはテクスト上の根拠がまったくない。またそれは、「「命題」が「文」を意味するのだと捉える場合にのみ現れるものである」（Coliva 2013b, 84）。他方で、蝶番命題を「命題」として扱うことは十分に可能である。それどころかウィトゲンシュタインは、「同じ命題がある時は経験によってテストされる命題として、またある時はテストのための規則として扱われる」（OC 98）ことに注意を促しており、いわゆる「川床」(97) の比喩もこの点を際立たせるためのものである。[8] コリヴァに従えば、そもそも命題と非命題、語ると示すといった二分法を否定し、概念の家族的類似性を提唱したのが後期ウィトゲンシュタインなのであり（Coliva 2013a, 11）、モイヤル＝シャーロックの解釈はこの点をつかみそこねている。さらにコリヴァは「「動物的確実性」は実際のところ、懐疑論に対抗するための戦略として新しくもなければ、成功の可能性を秘めたアイデアでもないだろう」（7）と述べ、蝶番を動物的確実性の表現とする解釈についても異議を申し立てる。[9]

このように、コリヴァはモイヤル＝シャーロックの道具立てと、そこから導き出される結論のほぼすべてに批判を加えている。問題となっているのは、またしても蝶番（命題）の性質である。それは経験命題の形をとった、本来は語りえない動物的な行動様式なのであろうか。それとも、特定の言語ゲームにおいては何らかの意味をもちうる特殊な経験命題なのであろうか。モイヤル＝シャーロックは、コリヴァによる次の一節を俎上に載せることで、再反論を試みている。

> ムーアの証明における「ここに一つの手がある」は判断（judgment）のままであり、規則に関する言明ではない。しかしまさにこの判断が、規範的な役割を担うのである。というのも、この判断は「手」という語の意味を決定する際に用いられ、またそのことによってわれわれは、誰かにこの用語の直示的定義を与える場面で、まさに同じ「手という」ものを利用できるようになるからである。そしてその時この判断は、先ほどとは対照的に、規則の明示的な定式化なのである。（Coliva 2010, 82）

コリヴァはここで、蝶番命題を一種の判断として捉えている。彼女によれば、「ここに私の手がある」、「地球ははるか昔から存在していた」、「私の名前はA・Cである」などはいずれも［……］規範的な役割を担うものであるとともに、諸判断（judgments）でもある」（142）。コリヴァの言う「判断」は、そのまま「命題」と言い換えることができるであろう。蝶番命題をあくまで命題として捉えようとするコリヴァにとって重要なのは、「ここに手がある」という同じ一つの命題が、ある場合には経験命題として、別のある場合には規則として機能するということなのである。

これに対してモイヤル＝シャーロックは、「しかしいったい何を判断しているのだろうか。［……］手が何であるかをそもそも知らない場合に、これが（われわれの呼ぶところの）手であると判断することなどどうして可能なのか」（Moyal-Sharrock 2013, 16）と述べ、蝶番それ自体を判断、すなわち命題と同一視するコリヴァの解釈に異議を唱える。モイヤル＝シャーロックの立場からすれば、蝶番はむしろ「判断のための準備であり、判断に先立つもの」(14) である。蝶番という背景があるからこそ、われわれは目の前の事物を「手」と判断できるのであり、その逆ではない。モイヤル＝シャーロックによれば、ウィトゲンシュタインが「経験的判断を行う実践を学ぶためには、規則を学ぶだけでは足りない。諸判断（*Urteile*/*judgments*）と他の諸判断との結びつきが、われわれにもたらされるのである」（OC 140）と述べる時、彼もまた同様のことを意味している。そして、「われわれは［……］既存の「諸判断」を教わるあるいは受け継ぐことによって、判断の仕方を学ぶ」（Moyal-Sharrock 2013, 20）のであり、諸判断からなる蝶番とそれを背景とすることで可能となる個々の判断、すなわち蝶番命題は、やはり別物でなければならないと言うのである。

ここで本書が注目したいのは、コリヴァとモイヤル＝シャーロックの観点上の差異である。先の引用のなかで「直示的定義を与える場面」を想定していたコリヴァは、いわば教える者の観点から議論を進めている。コリヴァが依拠するのは、「ここに一つの手がある」とすでに判断でき、この命題によって「手」の意味を教えることのできる人間である。彼は自らの言語実践の背景にある蝶番を言語化し、いまだ蝶番を身につけていない者に直示的定義を与えることができる。他方で、「手が何であるかそもそも知らない」人間を基点に据えるモイヤル＝シャーロックは、学ぶ者の観点から事態を眺めている。個々の判断はそれに先立つ諸判断を前提としており、蝶番なき蝶番命題などありえない。モイヤル＝シャーロックの用語を再び借りるなら、われわれは蝶番を身につけた後でようやく、その「ドッペルゲンガー」について「話す」ことができるのである。

このようにコリヴァとモイヤル＝シャーロックの対立は、蝶番をすでに身につけた教える者の観点と、これからそれを身につける学ぶ者の観点という、二つの立脚点の違いに起因しているように思われる。以下では『確実性』に内在する教育学的観点に照明を当て、その後であらためて両者の対立と動物的確実性の問題に立ち返ることにしたい[10]。

3　教育学的観点の深化

『確実性』と教育の言語ゲーム

繰り返し強調してきたように、「教える－学ぶ」という教育学的観点は、後期以降のウィトゲンシュタインにとって重要な方法的役割を担っている。『確実性』においてもウィトゲンシュタインは、蝶番に関連する事柄をいかにして学び（OC 143, 450, 581, etc.）、どう教えるのか（36, 530, etc.）を問いながら考察を進めていく。先に見たコリヴァとモイヤル＝シャーロックは、教える者と学ぶ者の観点にそれぞれ依拠して議論を展開し、蝶番（命題）の位置づけをめぐって対立していた。しかし他方で両者は——それが蝶番命題であれドッペルゲンガーであれ——蝶番の言語化を目的とした、ある特殊な言語ゲームが存在する点については見解を一にしている。すなわち、教育と哲学の言語ゲームである。コリヴァは「少なくともわれわれがその役割を教えなければならない場合や、自らもしくは他者にそれらの役割を想起させる場合には、蝶番について語ることができる」（Coliva 2013a, 2）と述べ、教育と哲学の言語ゲームを「二つのきわめて正統な言語ゲーム」（11）と見なす。モイヤル＝シャーロックもまた「私は（それらを子どもや外国人に伝えるために、あるいは哲学者として概念の探究を行うために）文法規則を定式化する、（話す）ことができる」（Moyal-Sharrock 2007a, 46）とし、教育と哲学の言語ゲームを一種の例外的な言語ゲームとして扱っている。[11] これに関して、ウィトゲンシュタイン自身はたとえば次のように述べている。

子どもが私に、地球は私が生まれる前からあったのかと問いかけたら、私は、地球は私が生まれてから存在しはじめたのではなく、はるか昔からすでに存在していたのだと答えるであろう。そしてその際に私は、何かおかしなことを言っていると感じるであろう。[……] 先の問いに私が答えられるのは、世界像をはじめてもたらそうとしている相手に対してだけである。（OC 233）

私は庭で一人の哲学者と腰かけている。彼は何度も「私はあれが木であることを知っている」と言いながら、近くの木を指差している。誰かがやってきてこれを聞き、私は次のように言う。「この人は狂っているのではない。われわれはただ哲学をしているだけなのだ。」（467）

われわれは「地球ははるか昔から存在していた」という蝶番を、まさに蝶番として言語化し、いまだそれを身につけていない相手に教えることができる。「私はあれが木であることを知っている」と述べる哲学者もまた、蝶番の対象化を通じて、知識の条件の哲学的な解明を試みている。もちろん教育の言語ゲームも哲学の言語ゲームも、ともに「人間の営む言語ゲーム」(554)であることに変わりはない。ただし注意しなければならないのは、これらの言語ゲームと日常的な言語ゲームとの間に存在する距離である。教育と哲学の言語ゲームは、蝶番命題に日常的なコンテクストを付与しうる言語ゲームの、たんなる一例として挙げられているわけではない。これらの言語ゲームはむしろ、日常的な言語実践の背景の言語化を主題とする言語ゲームなのである。われわれは「後から発見する」(152)という仕方で自らの暗黙的な蝶番を言語化し、哲学的に考え、それを子どもに教えることができる。後期以降のウィトゲンシュタインが教育の場面をてがかりに哲学的探究を行った理由の一端も、教育と哲学の言語ゲームのこうした共通性にあると考えられる。

後期ウィトゲンシュタインは日常言語という「ザラザラした大地」(PI 107)に立ち戻り、言語ゲームの記述という方法を用いて哲学的探究を再開した。野家啓一が黒田亘の議論を受けて論じているように、「「言語ゲーム」は、われわれの身の周りに幾らでも具体例を捜し出すことのできる経験的「事実」ではあるが、同時にそれは探究の「方法」でもあるという二重性を備えている」(野家 1993, 197)。そしてウィトゲンシュタインの描く教育の言語ゲームはまさに、「単に抽象的な「モデル」として機能するだけではなく、[……]幼児の言語習得の場面においては現にありうるような現実的言語」(199)なのである。教育の言語ゲームにおいては語の多義性が捨象され、日常的な事物は「見本」（PI 50, 53, 56）として規範性を帯び、「この色はドイツ語で「緑」と呼ばれる」などの蝶番命題が、直示的定義という形で子どもに与えられる。このように、自らがかつて身につけた蝶番を反省的に言語化し、それを子どもにもたらすことが教育の言語ゲームの主題であるがゆえに、最晩期ウィトゲンシュタインはなおも教育学的観点から哲学的思索を行ったのではないだろうか。

「言語の限界」への突進

最晩期ウィトゲンシュタインは、教育の言語ゲームを教える者と学ぶ者の両方の観点から記述し、蝶番に関する思考を深化させていく。その思考プロセスから明らかになるのが、「もたらす－身につける」という関係性の存在である。C・J・B・マクミランが指摘するように、ウィトゲンシュタインは蝶番を教える場面でしばしば「もたらす（beibringen/impart）」という語を用いている（OC 140, 233, 262, 283）[12]。この語は「ウィトゲンシュタインが語の最初の学びを強調するために使用した用語であり、通常は学ぶ者による語の「意味」の把握といったものを含まない」（Macmillan 1995, 163）。これに対応して、蝶番を学ぶ場面では「飲み込む（schlucken/swallow）」や「身につける（aufnehmen/acquire）」などの語が用いられる。

子どもは、その山がはるか昔から存在していたことなどまったく学ばない。すなわち、本当にそうかどうかという問いはまったく生じない。子どもはいわば、自ら学ぶことと一緒にこの帰結も飲み込んでしまうのである。（OC 143）

この［われわれの検証］体系は、人が観察や教授（Unterricht/instruction）を通じて身につけるものである。私は「学ぶ」という語を意図的に避けている。（279）

マクミランによれば、蝶番を身につけることが「個人が意図的に学びへと着手したことの結果ではない」（Macmillan 1995, 167）点に着目するウィトゲンシュタインは、それゆえ「学ぶ」という語の使用を避けている。実際には、「この色はドイツ語で「緑」と呼ばれる」のように直示的定義のなかで明示的にもたらされる蝶番もあれば、「物理的対象が存在する」のように生活を通じて暗黙的に身につく蝶番もあるとした方がより正確であろう[13]。いずれにせよ、教える者の観点からは蝶番を直示的定義という形で言語化し、子どもにもたらすという側面が、学ぶ者の観点からはかつて自らが明示的あるいは暗黙的に身につけた蝶番を反省的に対象化するという側面が、それぞれ照らし出されるのである。コリヴァとモイヤル゠シャーロックは教える者の観点と学ぶ者の観点にそれぞれ依拠していたが、二つの観点は循環しつつ、「言語の限界」へと向かう最晩期ウィトゲンシュタインの思考を駆動していると見るべきであろう。

それでは、ウィトゲンシュタインは最終的にいかなる「言語の限界」を見出したのであろうか。モイヤル＝シャーロックによれば、それは「正当と不当の区別の彼岸にあるもの」（OC 359）としての「動物的確実性」である。彼女は「「私には身体がある」という私の蝶番的確実性は、身体の所有に関するライオンの本能的確実性とほぼ同じものである。どちらの場合にも、こうした確実性は行為において体現化される」（Moyal-Sharrock 2007b, 93）と主張する。もちろん、モイヤル＝シャーロックはこれに続けて「とはいえ私の場合には、自らの身体に関する言及においてもその確実性が表明されるのである」（93）と述べ、「概念的な言語を授かった動物」（92）であるわれわれ人間と動物との違いを認めてもいる。しかしながら、彼女はあくまで「われわれは諸判断や諸命題ではなく、動物的な行為や反応から出発する」（Moyal-Sharrock 2013, 23）という事実の方を重視し、この動物的確実性の発見を最晩期ウィトゲンシュタインの革新的洞察と見なすのである。

後期以降のウィトゲンシュタインが、動物的自然におけるわれわれの一致を重視していることとはたしかである。[14] しかしながら、ウィトゲンシュタインが蝶番という形で言語化を試みているのが、はたしてこのレベルの事柄であるのかについては疑問が残る。「２×２＝４」、「この色はドイツ語で「緑」と呼ばれる」、そして「私の名はL・Wである」（OC 328）といった蝶番は、動物的自然や本能に属する事柄なのであろうか。むしろウィトゲンシュタインは、動物的自然をもとに他者からもたらされた事柄を、対象化しようとしているのではないだろうか。崎川修が指摘するように、『確実性』のなかで蝶番として取り上げられるのは、「いずれも他者から与えられた「言説」」（崎川 1998, 31）である。「私の名」はもちろん、「身体」や「手」といった語でさえも、われわれは他者との関係性のなかではじめて明示的あるいは暗黙的に身につける。最晩期ウィトゲンシュタインが蝶番の言語化を通じて目指したのは、「それらを他者の言説の方へと適切に返還し、そのとき何が残余のものであるかを見定めること、そしてそれらを、そこでの他者との関係の中で肯定していくこと」（40）、すなわち他者との教育的関係性のなかで様々な蝶番を身につけ、もたらしてきた、自我の来歴の解明であるように思われる。

当然ながら、ウィトゲンシュタインの挙げる蝶番は多岐にわたる以上、すべてを一様に特徴づけることは不可能である。教育学的に見てより重要なのは、蝶番を普遍性という単一の基準から整理分類することではなく、「教える－学ぶ」という観点から蝶番の反省的な言語化を進めた、最晩期ウィトゲンシュタインの思考プロセスそのものに着目することなのである。

最後に、ウィーン学団の主要メンバーであったM・シュリックに対して、ウィトゲンシュタインが一九二九年に語った一節を引用しておきたい。

私はハイデガーが存在と不安によって意味していることを、十分に考えることができる。人間は言語の限界に対して突進する衝動をもっている。たとえば、あるものが存在するという驚きについて考えてみよ。この驚きは、問いの形では表現されえない。そして、答えはまったく存在しないのである。われわれがたとえ何を言ったとしても、それはすべてアプリオリにただナンセンスでありうるだけなのである。それにもかかわらず、われわれは言語の限界に対して突進する。キルケゴールもまたこの突進を見ていた。そして彼は、それをまったく同様に（パラドクスに対する突進として）言い表している。言語の限界に対するこの突進が倫理学なのである。私が思うに、倫理に関する一切の無駄口に終止符を打つことはきわめて重要である——たとえば、直観的知識は存在するか、価値は存在するか、善は定義可能かといった無駄口に。（WVC 68f.）

「言語の限界」への突進が倫理学であるのは、自らの生き方によって示されるほかない事柄を、それでも語り出そうとするからである。そこで語られることは無意味でしかないが、ウィトゲンシュタインは「言語の限界」に突き進もうとするわれわれの衝動を否定してはいない。それどころか、「言語の限界（boundaries）に対する突進」としての倫理学は、たとえ「科学ではありえない」ものであり、「いかなる意味においてもわれわれの知識を増やしはしない」としても、「それは人間の精神のなかのある傾向を記した文書であり、私は個人的にこの傾向に深く敬意を払わざるをえず、また私がそれをあざ笑うことは生涯にわたってないであろう」（LE 12）と述べている。

最晩期ウィトゲンシュタインは、「教える－学ぶ」という教育学的観点から「言語の限界」へと突進し、そのプロセスのなかで蝶番なるものを見出した。「言語の限界」の先には、たしかに「前言語的」（Z 541）な動物的自然の領域が控えているであろう。しかしながら、蝶番という「座標系」（OC 83）あるいは「言語の限界」の限界線は——それが絶えず拡大し、更新されるとしても——動物的自然の領域にではなく、あくまで他者との関係性に基づく言語の領域に引かれ続けるべきである。そして、「言語の限界」に突進し、語りえぬものを語ろうとすることが倫理学であるならば、自我の来歴を批判的に語り出す試みとしての教育学もまたそれ自体、「言語の限界」への突進であると言えるかもしれない。

エピローグ

本書の目的は、「教える－学ぶ」という観点からウィトゲンシュタインの後期哲学を読解し、先行研究が抱えてきた理論的課題を解決しうる、整合的なウィトゲンシュタイン解釈を提示することにあった。第1章では一九九〇年代以降の教育学におけるウィトゲンシュタイン研究を、イニシエーション論的解釈、他者論的解釈、自我論的解釈の三つに分類し、イニシエーションのプロセスの自明視と単純化、学ぶ者の観点の方法的断念、最晩期ウィトゲンシュタイン哲学の未受容というそれぞれの理論的課題について指摘した。まずはこれらの論点を簡単に振り返っておきたい。

R・S・ピーターズがかつて提示したイニシエーション論は、現代においてもなお有効な教育の見取り図であり続けている。その一方で後の教育哲学者たちが批判したように、特定の価値観を暗黙の前提とするピーターズの議論には、教育の原理的な困難性に関する認識が十分に反映されてはいなかった。この困難性を子どもの「潜在的他者性」（丸山 2000, 117）という形で焦点化したのが、丸山恭司の他者論的解釈である。丸山は教育という領域に特有な子どもの他者性に着目し、その完全なコントロールに向かうのではなく、暫定的な「一致の確認に甘んじること」（118）を教える者の倫理として要請した。しかしながらこの要請ゆえに丸山は、学ぶ者という「知られざる立場に容易に移行」（丸山 2007a, 72）することを自らに禁じてしまっていた。他方で、一九九〇年代にいち早く教育学における本格的なウィトゲンシュタイン研究を行ったのがP・スタンディッシュである。「言語の限界」概念をてがかりに、近代的自我の再構築を試みるスタンディッシュは、「自意識的ではない仕方で物と他者とともにある」（Standish 1992＝2012, 217＝435）自我を新たなイメージとして提示した。とはいえ、スタンディッシュの考察対象は『探究』第一部の後期ウィトゲンシュタインにほぼ限定されており、『確実性』の最晩期ウィトゲンシュタイン哲学の検討が課題として残されていた。

先行研究が抱える以上のような理論的課題にこたえるべく、本書では次のような解釈を提示した。第2章ではウィトゲンシュタイン研究者たちによる言語ゲームの分類を概観した後、『探究』で描かれる教育場面の現実性と非現実性について検討を行った。その結果、「子どもがそれを通じて自らの母国語を習得するゲームの一つ」（PI 7）であるとされる原初的言語ゲームは決してフィクションではなく、われわれが現実に行う教育場面の記述であることが明らかとなった。黒田亘や野家啓一が指摘するように、言語の経験的側面と規範的側面をともに展望できるのが言語習得の場面であったからこそ、後期ウィトゲンシュタインは言語を「教える－学ぶ」という観点から「言語の限界」へと向かったのである。

第3章では、M・ラントレーの「学習の合理主義理論」（Luntley 2008a, 3）を扱った。ピーターズのイニシエーション論に「学習のパラドクス」を見出し、これを独自のウィトゲンシュタイン解釈によって乗り越えようとするラントレーは、推論による学習が可能となるための「洗練された一連の能力」（Luntley 2009, 47）を子どもに求める、個人主義的な学習モデルを構築していた。これに対して本書では、「認知的分業」（Williams 2010, 105）というM・ウィリアムズのアイデアをてがかりに、他者との関係性に基づく学習モデルを提起した。また同時に、子どもの動物的自然に働きかける「訓練」こそが教育の起点になるのだと主張した。

第4章では教育のプロセスを一歩先へと進め、「これを「赤」と言う」と言って赤い事物を指し示すことからなる「直示的定義」（PI 28）の場面を取り上げた。具体的な考察対象となったのは、定義文の解釈可能性によって引き起こされる「直示的定義のパラドクス」と、こうした懐疑論的パラドクスをめぐるS・カベルとJ・マクダウェルの対立であった。本書では、カベルの実存論的解釈とマクダウェルの治療的解釈にともに批判を加えるために、日常的な言語ゲームと教育の言語ゲームとの構造的な差異に着目した。その結果、教育の言語ゲームは日常的な事物に規範性を付与し、それらを「見本」（50, 53, 56）や「範型」（50）といった概念的存在へと変化させることが明らかとなった。

第5章では、「ウィトゲンシュタインのパラドクス」について考察した。S・A・クリプキによって先鋭化されたこのパラドクスは、子どもの他者性を浮かび上がらせるための素材として受容され、教育学者たちはそこから教育の原理的な困難性や「神秘性」（松下 1999, 309）を読み取っていた。これに対して本書では、『探究』に登場する異常な反応を示す生徒は、訓練によってもたらされる反応の一致がわれわれの言語実践を支えているのだという事実を示すための、背理法的想定であると指摘した。ウィトゲンシュタインがわれわれに要請しているのは、教育の不可能性の源泉としての他者性から、一致に基づく教育の積極的な可能性としての他者性へと、「ものの見方」（PI 144）を変更することなのである。

ここまでの議論で重要な役割を果たしているのは、「訓練」（5, 6, 189, etc.）という概念である。この概念は「調教」という原語的ニュアンスをもつがゆえに、教育学におけるウィトゲンシュタイン研究者たちの頭を悩ませ続けてきた。教育が結局のところ調教という意味での訓練にすぎないのであれば、ウィトゲンシュタインの哲学からは「教授に関する示唆的なモデルがまったく得られないことになる」（Luntley 2008b, 700）からである。また同時に、訓練がなぜ自明で確実な教育手段として認識されているのかについても、様々な疑問と批判が投げかけられてきた。それゆえ、ウィトゲンシュタインが原初的な教育を訓練と見なした理由を明らかにすることこそが、まさに「いまだ解決されていない、解釈上の重要な問題」（McCarty 2002, 262）なのである。

これに対して本書では、ウィトゲンシュタインが訓練概念を導入した経緯に着目しつつ、次の三点を指摘した。第一に、「説明」の対概念としての訓練は「前言語的」（Z 541）な動物的自然に働きかける行為として定位されており、この段階の子どもが言語的解釈によって訓練を不可能にすることはありえない。第二に、動物が調教可能であることは経験的事実であると同時に概念的事実でもあり、訓練の可能性を疑うことは「ピントがぼやけた訓練モデル」（Luntley 2008b, 699）に陥っていることの証左であると見なされる。そして第三に、訓練の失敗は子どもを「狂人」（LFM 203）として排除することを意味する。以上から、本書では動物的自然における一致を教育可能性の根拠として捉え、この一致に基づく訓練を教育の起点に位置づけている。

訓練概念に関する以上のような解釈をもとに、続く第6章と第7章では、前期および後期ウィトゲンシュタインの自我論と最晩期ウィトゲンシュタインの哲学を扱った。第6章で焦点を当てたのは、言語ゲームへのイニシエーションのプロセスのなかで、教える者の意図を超えて伝達されうる事柄の存在である。『論考』の前期ウィトゲンシュタインは、倫理や宗教的信仰を「語りえぬもの」（TLP 7）として捉えていた。他方で『確実性』や『文化と価値』の最晩期ウィトゲンシュタインは、学ぶ者の観点から、これらが広義の「教育」によって伝達される可能性を示唆していた。語りうることの領域に理論的な制約を加えることで成立していた『論考』の自我は、後期哲学における「言語の限界」の拡大に伴って、他者との関係性へと開かれることになる。『探究』以降の自我は、教える者や身近な友人といった他者との関係性のなかで自らの生き方にかかわる重要な事柄を身につけ、『論考』のすでに完成された大人の自我へと近づいていくのである。

第7章では「蝶番（命題）」に関するD・モイヤル＝シャーロックとA・コリヴァの対立点を整理した後、「言語の限界」をめぐるウィトゲンシュタインの思考の到達点を確認した。蝶番それ自体と蝶番命題とを区別するモイヤル＝シャーロックと、この区別を一貫して拒否するコリヴァは、学ぶ者と教える者の観点にそれぞれ依拠して議論を組み立てていた。本書では、蝶番をわれわれの本能的な「動物的確実性」（Moyal-Sharrock 2007a, 8）と見なすモイヤル＝シャーロックに抗して、動物的自然に基づく教育によってわれわれが身につけてきた「座標系」（OC 83）、あるいは「言語の限界」として蝶番を捉える解釈を提示した。さらに最晩期ウィトゲンシュタインの哲学から得られる教育学的示唆として、「教える‐学ぶ」関係に含まれる「もたらす‐身につける」という関係性の存在と、こうした関係性への問いとして現れる、教育におけるもう一つの倫理のあり方を指摘した。

本書で示した教育学的ウィトゲンシュタイン解釈を要約すれば、以下のようになる。すなわち、動物的自然の一致という——痛みの振舞いに見られるような——前言語的な事実をてがかりに、子どもは訓練を通じて原初的言語ゲームへとイニシエートされ、「人間共通の行動様式」

という「座標系」（PI 206）を身につける。訓練が起点となって開始される教育プロセスは決して単純かつ自明なものではなく、そこには様々なパラドクスが存在する。さらにこのプロセスには「もたらす‐身につける」という非意図的な伝達様式が含まれており、倫理や宗教的信仰といった「一つの生き方」としての「座標系」（CV 73）もまた、こうした関係性のなかで自我にもたらされると考えられる。このように、「教える‐学ぶ」という観点からウィトゲンシュタインの哲学を読み解くことによって、教育の言語ゲームの規範的構造や語りえぬものの伝達可能性、さらには子どもの他者性や教える者の倫理といった教育学的に重要な論点について、新たな視点を手に入れることができるのである。

ウィトゲンシュタインは、語りえぬものを語る試みは無意味であるにもかかわらず、人間には「言語の限界」へと突進する衝動があることを認め、「言語の限界に対するこの突進が倫理学なのである」（WVC 68）と述べていた。そして「いかなる意味においてもわれわれの知識を増やしはしない」（LE 12）この衝動に、深い敬意を表明していた。倫理学がこのような試みである時、教育における倫理はどのようなものとして現れるのだろうか。それは、子ども「潜在的他者性」に留意しつつ、暫定的な「生活形式における一致」（丸山 2000, 117）に甘んじるといった実践的なレベルでの倫理的要請ではなく、自我と他者の存在と言語との関係性への問いという形を取るであろう。言い換えれば、子どもという他者と現実的な教育関係を結ぶ以前に、自我の形成プロセスにおいて他者の存在と言語が担ってきた役割を、どこまでも批判的に対象化するよう求める哲学的な問いとして現れるであろう。子どもという他者への倫理的責任は、この問いなしには果たされえないのである。

こうした観点から、たとえば「自律と他律」といった教育学の古典的諸問題は捉え直される必要がある。この問題は、かつてピーターズが教育をイニシエーションと捉えることで解決を図った問題でもあった。ピーターズのイニシエーション論のなかで描かれていたのは、伝統的な文化へとイニシエートされる他律的な存在から、教える者とともに世界の探究に乗り出す自律的な存在へと変わる子どもの姿であった。ピーターズは教育をこのような一連のプロセスと見なすことで、伝統的な価値の伝達とそのリベラルな批判をともに可能にする営みとして、教育を定位したのである。

第1章でも論じたように、一九八〇年代以降に顕著となった価値多元的な社会状況のもとで、分析的教育哲学は規範的教育哲学へと変貌を遂げた。その最中、一九八三年に書かれた論文「教育の哲学」のなかでピーターズは、分析的教育哲学が今後克服すべき九つの課題を挙げた。そのうちの一つである「さらなる哲学的深みの必要性」について述べるなかで、ピーターズは教育目的として宙に浮いたままの自律性を捉え直すために、「人間本性全体をより一層説明する」ことができるような、「より適切な理論」（Peters 1983, 51）の構築を求めていた。[1] M・ハイデガーや後期ウィトゲンシュタインの哲学をてがかりに、自律性概念の再構築を図ったスタンディッシュの『自己を超えて』は、ピーターズのこの要請に対する一つの回答であったと言えるであろう(2)。第1章や第7章でも見たように、スタンディッシュは「自律性の多大な影響力を被ることのない善き生活の可能性」や、「自律性をもつことが、実のところ善き生活の妨げとなる可能性」(Standish 1992＝2012, 204＝409)に目を向けることで、規範的教育哲学者たちが最重要視した合理的自律性概念への批判を行っていた。そして彼は、「自分自身の作り手」(216＝432)としての自我に代わる、「自意識的ではない仕方で物と他者とともにある」(217＝435)自我の姿を描き出していた。

しかしながら、本書がウィトゲンシュタインの思考プロセスから読み取ったのは、自らが他者との関係性のなかで身につけてきた事柄を徹底的に対象化し、反省的に言語化しようとするような、きわめて強力な自己意識と自律性をもつ自我の姿であった。また同時にこの自我は、「言語の限界」への突進としての倫理性を兼ね備えてもいた。他者の言語の徹底的な対象化の先に現れるこの自我は、再び言語とどのような関係を取り結ぶことになるのであろうか。他者の言語を超えて、私自身が「新しいタイプの言語、新しい言語ゲーム」(PI 23)を生み出すことなど本当にできるのか。本書では十分に扱うことができなかった、伝統の批判的再創造という教育の側面にかかわるこれらの問いに答えるためには、「言語の限界」をめぐるウィトゲンシュタインの思考をさらに綿密にたどる必要がある。そうすることで、規範的教育哲学とは異なる形で分析的教育哲学の伝統を受け継ぎつつ、新たに言語論的観点から教育学の根本問題に回答を与えることが可能となるであろう。今後の研究課題としたい。

註

プロローグ

（1）教育を可能にするメディアとして言語を捉える見方については、今井 2004 に依拠している。今井は教育する者とされる者の「中間にあって作用するもの」（今井 2004, 1）という「広い意味でのメディアのプロトタイプ」（5）として言語を捉えたうえで、「教育する側の意図によって選択され構成されるメディアのなかで、教育する側の意図と教育される側の自由が言わば「すれちがう」」過程のなかで教育は成立するとし、両者が「適切に「すれちがう」ためのメディアをいかに構成するか」（38）に教育の課題があると論じている。さらに今井は先に引用した論文のなかで、「語る言葉は、それが意図する内容とは別に何事かを示してしまう、というのがウィトゲンシュタインの洞察であった」とし、「語ることと示すことのこのような差異の構造を解明することは教育学の重要な役割であろう」（今井 2009, 238）と述べている。

（2）以下、ウィトゲンシュタインの小学校教員時代の詳細については、Monk 1991 = 1994, 192-233 = 206-250 を参照。また前期ウィトゲンシュタインの詳細な伝記を記したマクギネスは、「教師になることは誠実な選択であったにしても、それ自体は宗教的生活の代わりでしかなかったのではなかろうか」（McGuinness 1988 = 1994, 281 = 469）との見解を示している。これと関連して、教職を辞す前年の一九二五年十月に書かれた手紙のなかで、ウィトゲンシュタインは自らの教員生活を「お湯の入った瓶」に喩え、次のように語っている。「もし歯が痛むのなら、お湯の入った瓶を顔につければ効き目があります。しかしそれに効果があるのは、瓶の熱さが痛みを与える間に限られます。その瓶がもはや私の性格を何かよくするような特定の痛みを与えないとわかった時、私はその瓶を捨てるでしょう。つまりここの人々がそうなる前に私を追い出さないのなら、私は瓶を捨てるでしょう」(Monk 1991 = 1994, 232 = 248)。
(3) 辞職の直接的な契機とされるのは、いわゆる「ハイドバウアー事件」である。モンクの伝記(Monk 1991 = 1994, 232-233 = 248-250)によれば、ある日ウィトゲンシュタインは当時十一歳の病弱な生徒ヨーゼフ・ハイドバウアーの頭を殴り、失神させてしまった。パニックになったウィトゲンシュタインは校長室にその子を運び、医師による処置を待って帰宅した。その途中、かねてからウィトゲンシュタインに反感を抱いていた親たちの一人で、事件を知って学校へと駆けつけた、ピリバウアーなる人物に彼は出くわしてしまう。ピリバウアーは彼をさんざん罵った後、逮捕を求めて警察署へと向かうが警官は不在であった。ウィトゲンシュタインはその日の夜のうちに姿を消し、後の裁判で嫌疑が晴れることになる。
(4) ここではP・ウィンチの『社会科学の理念——ウィトゲンシュタイン哲学と社会研究』(森川真規雄訳、新曜社、一九七七年)、細川亮一による『形而上学者ウィトゲンシュタイン——論理・独我論・倫理』(筑摩書房、二〇〇二年)、『宗教者ウィトゲンシュタイン』(法藏館、一九九〇年)をはじめとする星川啓慈の諸著作、G・L・ハグバーグ(Garry L. Hagberg)の『言語としての芸術——ウィトゲンシュタイン、意味、美学理論(*Art As Language: Wittgenstein, Meaning, and Aesthetic Theory*)』(一九九八年)等を念頭に置いている。
(5) たとえば、パーマーほか編『教育思想の50人』(広岡義之、塩見剛訳、青土社、二〇一二年)を参照。
(6) この引用は、「それゆえ、われわれの時代の学者は偉大な人間ではない。よってフロイト、シュペングラー、クラウス、アインシュタインは偉大な人間ではない」(CV 53)と続く。

第1章 ウィトゲンシュタインと教育学

(1) ウィトゲンシュタインの哲学は、基本的に前期と後期に分類される。また、移行期に書かれた『哲学的考察』(一九六四年)や『哲学的文法』(一九六九年)などの著作を「中期ウィトゲンシュタイン」として取り出す場合(飯田 1995)や、『確実性について』(一九六九年)や『心理学の哲学』(一九八〇年)を「最晩期ウィトゲンシュタイン」あるいは「第三のウィトゲンシュタイン」という形で区別する場合（Moyal-Sharrock 2004）もある。近年注目が集まる最晩期ウィトゲンシュタインについては、本書の第7章で取り上げる。

（2）前期ウィトゲンシュタイン哲学の概要については、飯田 2005, 342-343 および貫 2008, 154f. を参照。

（3）後期ウィトゲンシュタイン哲学の概要については、飯田 2005, 350-358 および貫 2008, 155-157 を参照。

（4）「私を理解する人は、私の命題を通り抜け——そのうえに立ち——それを乗り越え、最後にそれがナンセンスだと気づく」とし、登った後には投げ棄てねばならない「梯子」（TLP 6.54）に自らを喩える一方で、「世界の意義は世界の外になければならない」（6.41）、「倫理は超越論的である」（6.421）等々と語りえぬものについて語る『論考』の両義的な性格については、これまでも様々な解釈が蓄積されてきた。具体的には、『論考』の序文と結論部に現れ、『論考』全体を梯子やナンセンスとして特徴づける「フレーム」と呼ばれる部分と、『論考』のなかで語られる言語論や倫理思想との関係をめぐって、研究者たちはそれぞれの立場に基づく解釈を展開している。『論考』の研究状況に明瞭な見取り図を与えた著作のなかで、吉田は従来の諸解釈を、「論理的解釈」、「倫理的解釈」、「ハイブリッドな解釈」、「超越論的解釈」、「治療的解釈」に分類した後（吉田 2009, 3-25）、「生の肯定」のための「メソドロジーとしての『論考』という「読み」」（42）を独自の解釈として提示している。

（5）同様の箇所は、Monk 1991 = 1994, 287 = 306 でも引用されている。

（6）授業分析の文脈で後期ウィトゲンシュタイン哲学を援用した理論家としては、ベラック（Arno A. Bellack）の名が挙げられる。ベラックは、教師と生徒という言語ゲームの演じ手が「授業というゲーム」のなかで「手を指すとき」、つまり言葉を発する際に、「明らかに従うところのいろいろなルールの型が、一つ一つ識別されるようになっているならば、わたしたちは、教室における言語的な活動のもつ機能、したがって、また、教室で伝達される意味を研究することができるはずである」（ベラックほか 1972, 15）との仮説を立てる。この仮説をもとにベラックは四つの分析カテゴリーを立て、教室のコミュニケーションの構造的な単位は、合計二十一の「教授サイクル」のパターンに類型化されると論じている（32）。またそのほかにも、教師と生徒の発言の比率が約三対一であることや（273）、授業コミュニケーションの五分の三強が「誘引－応答行為」の類型であることなどを指摘している（274）。詳しくは、佐藤 1996, 87-92 を参照。

（7）以下、言語論的転回の哲学的意義や論理実証主義との関係については亀本 1997, 飯田 2007, 野平 2007, 野家 2009 を、言語論的転回が分析的教育哲学の成立に及ぼした影響と、分析的教育哲学の展開および限界については宮寺 1991, 1995, 1997, 1999, 2000, 林 1995, 松下 1995, Macmillan 1991, Noddings 1995, Hirst and White 1998, Curren *et al.* 2003, Siegel 2005 を参照。

（8）野家 2009, 5 を参照。

（9）飯田 2007, 436 を参照。

（10）飯田 2007, 438-440, 608-615 を参照。

（11）Curren *et al.* 2003, 180-181 を参照。カレンらによれば、スミスの著作は「心」や「学習」といった教育測定に関連する諸概念についてのわれわれの先入観と、当時の教育測定方法の論理的妥当性を批判的に分析したものである。またハーディは、倫理的命題は何ら認知的内容をもたないたんなる感情の発露であるとする情緒主義の立場から、カリキュラムのなかで知識として認められるのは、数学、論理学、自然科学のみであると主張した。

（12）林 1995, 231-234 および Curren *et al.* 2003, 180-181 を参照。

（13）Curren *et al.* 2003, 183 を参照。

（14）宮寺 1999, 149-152 を参照。

（15）分析的教育哲学は、一つの運動として一九六〇年代から七〇年代にかけて全盛期を迎え、世界各国で教育哲学研究の水準を高めることに貢献した。日本における先駆的業績としては、宇佐美寛の『思考・記号・

意味――教育研究における「思考」』（一九六八年）や、ハーバード大学でシェフラーに学んだ村井実の『「善さ」の構造』（一九七八年）などが挙げられる。また、ドイツ語圏ではブレツィンカ（Wolfgang Brezinka）の『教育科学の基礎概念（*Grundbegriffe der Erziehungswissenschaft*）』（一九七四年）が同様の業績として知られている。とはいえ分析的教育哲学者たちは、分析という手法のみによって教育のあらゆる問題を解決できると考えていたわけではなかった。たとえば、ピーターズは『倫理と教育』の約三分の二を、「平等」、「価値」、「自由」、「人格」といった教育を支える諸原理の正当化にあてており、その正当化を「カントによって用いられた論証の形式」（Peters 1966 = 1971, 114 = 159）、すなわち超越論的論証によって行っている。この背景には、「言語を再定式化することによって、あるいはわれわれが現在用いている言語をより深く理解することによって解決（もしくは解消）する」（Rorty 1992, 3）とは言い切れない、教育学固有の困難さへの認識がある。理論的、実践的問題が複雑に絡み合った教育学的諸問題に取り組むためには、論理分析のみならず、「様々な哲学の部門――特に倫理学、社会哲学、認識論、哲学的心理学――のなかで発展してきた概念の分析と正当化の理論とを用いなければならない」（Peters 1966 = 1971, 17 = 18）のである。

（16）詳細については、宮寺 1999, 161f. を参照。

（17）こうした状況のもと、一九九〇年代には規範的教育哲学の主要著作が次々と公刊されることになる。たとえば、一九八七年にはヘイドン（Graham Haydon）の編著『多元主義社会への教育（*Education for a Pluralist Society: Philosophical Perspectives on the Swann Report*）』が、一九九〇年にはホワイト（John White）の『教育と善き生（*Education and the Good Life: Beyond the National Curriculum*）』が、一九九三年には主にアリストテレスの「フロネーシス」概念を論じたダン（Joseph Dunne）の『ザラザラした大地に戻れ（*Back to the Rough Ground: Practical Judgment and the Lure of Technique*）』が、一九九六年にはホワイト（Patricia White）の『市民の徳と学校教育（*Civic Virtues and Public Schooling: Educating Citizens for a Democratic Society*）』が、一九九七年にはホワイト（John White）の『教育と労働の終焉（*Education and the End of Work: A New Philosophy of Work and Learning*）』とカ

ラン（Eamonn Callan）の『市民の創造（*Creating Citizens: Political Education and Liberal Democracy*）』が出版されている。

（18）これに続けてカイパーズとマーティンは、「数多くのパラダイムは、分析的な仕事を通じて切り開かれた分野のなかで発生した」（Cuypers and Martin 2013, 226）のであり、「われわれの見る限り、複数のパラダイムが存在する現在の教育哲学の構造において、分析のパラダイムは *primus inter pares*――すなわち同輩中の主席なのである」（226f.）と述べている。

（19）一九九〇年代以前の教育学における先駆的なウィトゲンシュタイン研究としては、Macmillan 1983 と Hamlyn 1989 が挙げられる。日本の教育学における近年のウィトゲンシュタイン研究としては、ウィトゲンシュタインを「体制順応主義（conformism）」と捉える先行研究に対し、言語ゲームの創造性とダイナミズムを突きつけることでその乗り越えを目指した平田 2013 が挙げられる。

（20）哲学におけるウィトゲンシュタイン研究は膨大な数にのぼるが、比較的近年の主要な成果を集めたものとしては、一九九〇年代の主要論文を編纂した Sluga and Stern 1996 と Crary and Read 2000 や、二〇〇〇年代の業績を集めた Kuusela and McGinn 2012 がある。また、定評のある『探究』注釈書の改訂第二版が二〇〇五年以降に出版されている（Baker and Hacker 2005a, 2005b, 2009）ほか、最晩期ウィトゲンシュタインを対象とした Moyal-Sharrock and Brenner 2007 や、『論考』の解釈に関する最近の成果をまとめた Read and Lavery 2011 などの論文集も出版されている。日本において近年公刊された研究書としては、野村 2006, 吉田 2009, 山田 2009 などが挙げられる。なお、一九九五年までの日本におけるウィトゲンシュタイン受容については、野家 1995, 44-61 に詳しい。

（21）教育をイニシエーションのプロセスと捉えたうえで、ウィトゲンシュタイン哲学の教育学的意義を取り出そうとする研究としては、Kazepides 1991, Smeyers 1992, Smeyers and Marshall 1995, Smeyers 1995, Cuypers 1995, Burbles and Smith 2005 などがある。哲学の分野でも、たとえばマッギン（McGinn 1997, 157）やカベル

（Cavell 2000, 28）によって、「生活形式へのイニシエーション」という論点が提起されている。

(22) 二〇一一年のピーターズの死去に伴い、近年ではピーターズの教育思想に対する再評価の動きが活発化している。代表的なものとしては、Cuypers and Martin 2011, 2013 が挙げられる。

(23) 哲学の分野においても、「教える－学ぶ」関係を軸に、ウィトゲンシュタインの後期哲学を統一的に解釈する研究が生まれている。たとえばメディナは「初学者（novice）」と「熟達者（master）」という対比をてがかりに、「他者による規制から自己規制へ（*from other-regulation to self-regulation*）」（Medina 2002, 165）と至るプロセスを、ウィトゲンシュタインの後期哲学に読み込んでいる。メディナが依拠するウィリアムズもまた同様の観点から、後期哲学に登場する「訓練」や「直示的教示」などの概念に関する説得的な議論を展開している（Williams 2010）。

(24) 本書の第5章で詳しく見るように、この生徒は言語の意味に関する「規則－適用図式」を反駁するための、背理法的想定として描かれている。

(25) 丸山と同様に、ウィトゲンシュタインの後期哲学における「教える－学ぶ」関係を主題化した論者としては、柄谷が挙げられる。「そもそも《他者》との間に、「ゲーム」が成立するか否かが不明」（柄谷 1992, 51）であり、コミュニケーションや交換が常に「「暗闇の中での跳躍」（クリプキ）または「命がけの飛躍」（マルクス）」（50）であるような他者を取り出そうとする柄谷に対し、「潜在的他者性」を秘めつつも、「生活形式における一致」があくまで可能な「教育における〈他者〉」（丸山 2000, 117）の抽出を試みている点に、丸山の議論の特徴がある。

(26) 先述したピーターズもまた、「教える者が常に念頭に置かなければならないのは、彼らが扱っているのは意識の際立った中心としての他者（others）だということである」（Peters 1965, 105）と述べ、子どもの「他者性」にふれてはいた。しかしながら、ここでの他者はあくまで「動機づけ」の対象としてのそれであり（Peters 1966＝1971, 60ff.＝79ff.）、丸山がウィトゲンシュタインの後期哲学から取り出したような、教育の原理的な困難性を突きつける他者ではなかったと考えられる。

(27)『論考』では、「自我」を意味する das Ich に the I もしくは the self という訳語があてられている(TLP 5.64)。また、『論考』には「自己」を意味する das Selbst は登場しない。よって既存の邦訳に従う場合やウィトゲンシュタイン以外の思想家が問題になる場合を除き、原則的には the I と the self をともに「自我」と訳出する。

(28) ウィトゲンシュタインの自我論については、永井が特別な関心を寄せたうえで独自の解釈を展開している。本書では永井の議論に関する詳細な検討は行わないが、ウィトゲンシュタインは自我が語りえぬものであり続けることを示そうとするのに対し、永井はそれをどこまでも語り出そうとする点で、両者は正反対の方向を向いているように思われる。これに関連して、たとえば古田は「永井は、言語の制約としての先験的自我(誰にとっても同じ経験の制約としての自我)と、決して言語で表現できず、徹底的に他者とは異なる「この私」としての超越的自我を区別し、ウィトゲンシュタインの言う形而上的主体が後者である、と主張している。この主張は、永井自身の問題意識(超越的自我)をウィトゲンシュタインのテクストに強引に読み込むもので、同意し難い」(古田 1998, 171)と述べている。

(29) ウィトゲンシュタインの自我論を扱った教育学における先行研究としては、Marshall 1999, 2001, Peters and Marshall 1999, Peters 2000, Standish 1992＝2012 が挙げられる。

(30)「自己の教育学」の構想について、M・ピーターズは次のように述べている。「フーコーは、近代教育学が世俗的な自己のテクノロジーであり、自己統制と自己診断がその中心的な位置を占めることに注意を呼びかける。他方でウィトゲンシュタインは、教育学的な意味での哲学はいつでも自伝的であり、われわれは特定の生活形式に属している限り、自らをナラティヴに再創造するよう強いられるのだということをわれわれに教えている。フーコーはわれわれが自分自身を反省対象とする際の、権力と知のグリッドを強調する。その一方で、ウィトゲンシュタインは告白の言語ゲームを、真実を追求する言語ゲームから、われわれが自らの生に与える意味をめぐる言語ゲームへと移行させるのである」（Peters 2000, 366）。

第2章　教育の言語ゲーム

（1）マッギンは、「アウグスティヌス的言語観」の内実とウィトゲンシュタインによる批判の矛先を正確に見定めるためには、『探究』冒頭で引用されている箇所をさかのぼって『告白』を繙く必要があると主張する（McGinn 1997, 38）。そのうえで彼女は、アウグスティヌス的言語観には次のような見方が含まれると論じている。すなわち、「私的な本質（private essence）あるいは心——そのなかに願望や思考や欲求が存在する——と外界との物理的インターフェースという観点から人間主体を捉える傾向」のもと、「言語の主要な目的は、当初はこの私的領域に閉じ込められていた思考や願望を伝達することにある」のだと考える、「言語という現象に関する、狭いもしくは過度に単純化された見方」（39）である。

（2）注意しなければならないのは、ウィトゲンシュタインは必ずしも「言語の目的はそれを聞いた者の心のなかに、あるイメージを喚起することではありえないのだと主張しているわけではない」（McGinn 1997, 42）という点である。語の意味は、どこまでもコンテクストに依存する。たとえば「台石」という語の意味は、台石を持ってくること、削り出すこと、叩き割ること、そして台石のイメージを心に思い浮かべること等々、言語ゲームの種類と目的に応じて多様でありうる。しかし少なくとも、「このこと［心的イメージを思い浮かべること］は、建築者という想像上の部族が言語を使用する際の目的ではない」（ibid.）。ウィトゲンシュタインは、言語の目的を心的イメージの喚起に限定する言語観へのアンチテーゼとして、語に応じて物を運ぶことを唯一の目的とする言語ゲームが十分に成立することを示したのである。

（3）ベイカーとハッカーは「想像上の言語ゲーム」の例として、プラトンのイデア論や『論考』の要素命題の思想を批判する目的で考案された、『探究』第四八節の言語ゲームを挙げている（Baker and Hacker 2005a, 60）。

（4）鬼界もまた、言語ゲーム概念の移行について次のように述べている。すなわち、「ウィトゲンシュタインは当初「言語ゲーム」という概念を単なる考察の道具として、単純化された言語のモデルとして導入した。それは子どもの言葉遊びに比すべき原始的なものであり、「ゲーム」、「遊び」という色彩を強くもっている。［……］しかしウィトゲンシュタインの考察が進むにつれ、言語ゲーム概念は次第に拡張され、現実の様々な言語使用とその典型的局面を指すようになった。「ゲーム」というより、我々の生活を構成する状況と行為の型としての「劇（シュピール）」という意味を強く帯びるのである」（鬼界 2003, 249）。言語ゲーム（Sprachspiel）のSpielを「劇」として捉える論者としては、ほかにも大森の名を挙げることができる。大森は、ウィトゲンシュタインがわれわれに要求するのは「言語使用劇の全体の中に意味を探すという態度」であるとしたうえで、「実際、言語ゲームと呼ばれる寸劇はウィトゲンシュタインが「生の形式《レーベンスフォルム》」と呼ぶものの断片的事例なのである。人間の生に完了した意味がないようにその生の中で使われる言葉の意味にも完了がない」のであり、ウィトゲンシュタインの諸著作を見ても「そこに着手される意味追求の殆どは完結していない」（大森 1989, 25）と述べている。

（5）カベルのウィトゲンシュタイン解釈の要点を、訳者の齋藤は次のようにまとめている。「ウィトゲンシュタインが、哲学者の懐疑主義的問いに反対して、日常的な信念を支持しているのだという解釈に対して、カベルは、これは誤ったウィトゲンシュタイン解釈であると考える。カベルの解釈によれば、ウィトゲンシュタインは、哲学者がなぜ懐疑主義的問いを提起するのかという点に関心があるのであって、懐疑主義的問いを発したい、言語の限界を見極めたいという哲学者の欲求それ自体が、哲学的・実存的重要さを反映するものであり、「正しい代替案」、すなわち、懐疑主義の真実を示している」（カベル 2005, 211）。

（6）マカーティの問いかけに対してM・ピーターズとマーシャルは同誌上に返答を載せているが、訓練概念の問題については「ただ多様な解釈に耐えうるウィトゲンシュタインのテクストの豊かさと複雑さについてだけ指摘しておこう」（Peters and Marshall 2002, 270）と述べるにとどまり、直接的な回答は避けている。

（7）行動主義の問題に対するカベルの回答もまた、曖昧なものにとどまっているように思われる。カベルは「彼［ウィトゲンシュタイン］はさしたる困難もなしに――時には不可避的に――行動主義者（行動主義者とはさしあたり、われわれの内面生活の（他のものから独立した）実在性を否定する者であると考えておきたい）として読まれうる」（Cavell 1996, 279）と論じたうえで次のように述べ、ウィトゲンシュタインを行動主義者と見なすことに反対している。すなわち、ウィトゲンシュタイン解釈として「もし私が――行動主義か反行動主義かという――これら二つの間で決定を迫られるなら、私は迷うことなく反行動主義を選ぶ。（その根本的な理由は、私が思うに行動主義はある事柄を否定しているように見えるからである。）」（280）。行動主義的な読みは「私を暗く沈み、孤立した気分にさせる」と嘆くカベルにとっての「ある事柄」とは、「歴史的な深み、もしくはそれ自体を深みと見なせるような何か」（281）である。ただし、これに続けてカベルは「反行動主義的な読みには、あまり感心しない」（ibid.）とも述べており、最終的にはウィトゲンシュタインの哲学を「懐疑論を打ち破るための懐疑的試み」（283）として特徴づけている。

（8）ウィトゲンシュタイン自身はもちろん、「心」が「存在」することを否定してはいない。ウィトゲンシュタインが批判を向けるのは、具体的なコンテクストを捨象したうえで一般的な理論を打ち立てようとする、われわれの哲学的な傾向に対してである。この点に関連して、米澤は次のように述べている。「筆者はそのような解釈［ウィトゲンシュタインが行動主義者であるとする解釈］には与しない。後期の彼は、最終的には「心身二元論」か「行動主義（現象主義）」かという二者択一の地平をすり抜けようとしていたというのが、筆者の基本的見解である」（米澤 2012, 114）。

（9）以上のような意味での原初的言語ゲームの「原初性」については、関口 1995を参照。

（10）柄谷のウィトゲンシュタイン解釈については、第1章の註25を参照。なお、「教える－学ぶ」関係を「語る－聞く」関係に先行するものとして捉える柄谷に対し、永井は「もはやその外部（他者）を許容しない「教える－学ぶ」（「売る－買う」）関係のこの共同性こそ、「近代」が創り出した新たな高次の等質空間なのであって、これこそが真に暴力的な閉域なのである」（永井 1991, 117）との批判を向けている。そのうえで永井は、ある対象を他者として捉えることによって同時に生じる、対象化以前の「異者の異質性」（120）の排除とその隠蔽に注意を促している。

（11）ハムリンもまた次のように述べることで、関口と同様の見解を示している。「ウィトゲンシュタインは人為的に限定を加えられた言語と社会的環境について語っているため、そこからわれわれの社会とわれわれの言語に当てはまるような彼の考えを単純に引き出すことはできないのである」（Hamlyn 1989, 215）。

（12）丸山もまた黒田や野家の見解に言及しつつ、「言語ゲームが「子供が母国語を学びとる際の手段であるゲーム」に喩えられるのも、言語教授の状況は、そこにおいて教えられるべき言語の働きが明瞭なものとなるように、教育者によって構成されるものだからである」（丸山 1992, 44）と論じている。

（13）言語ゲーム概念のこの両義性を、野家は「「自然主義的視座」と「超越論的視座」との二重性」（野家 1993, 200）とも言い換えている。野家の言う「超越論的視座」とは、言語の可能性の条件を探る哲学的な視点のことである。『論考』の理想的言語ではなく、日常言語という「ザラザラした大地」（PI 107）から「言語の限界」の探究を再開した後期ウィトゲンシュタインは、言語ゲームの記述という方法を取り入れることでこの超越論的視座を確保した。そのうえでウィトゲンシュタインは、「事実としての言語現象が成立する可能性の条件を明らかにするという目的をもった「構成的記述」ないしは「生成論的記述」」（野家 1993, 198）を行った。すなわち、日常言語の可能性の条件を探る超越論的視座と、言語ゲームの生成論的記述という方法が組み合わさった結果、『探究』には原初的言語ゲームを起点とする一連の教育プロセスが描かれることになったのである。

第3章　イニシエーションと訓練

（1）ピーターズのイニシエーション論の意義に関するこのような評価については、Lumley 2009, 41 を参照。

（2）宮寺によれば、イニシエーションとして教育を特徴づけることによって、「学習者が価値的に白紙であることばかりでなく、なされる指導にたいして学習者が受容的であることも想定できる」（宮寺 1997, 59）。さらに「ピーターズが強調するのは、学習者の自発性よりも、伝統的な財が保有する公共性と形式性という特質」であり、「学習者は、言語や基本的生活技能（basic skills）などの伝統的な財にイニシエイトされることにより、他の人びとと意思を公共的にかよいあわせることができるようになり、同時にじしんの思考と行動の形式を身につけていくことになる」（ibid.）。

（3）スマイヤーズによれば、「岩盤」とはすなわち「所与のものである。正当化を欠き、また正当化することがそもそも不可能なこうした人間の活動のパターンは、言語と社会生活を構成する規則の複雑なネットワークであると見なすことができる。この「所与のもの」とは一つの全体である。つまり、「言語－と－世界（language-and-the-world）」なのである」（Smeyers 1992, 66）。

（4）スマイヤーズは先に引用した単著論文のなかで、「より一般的に言ってイニシエーションというメタファーは、一見するとたしかにそこに含まれているように思われる、再生産的な性格を非難されてきた。この保守主義的なバイアスはウィトゲンシュタインの哲学とも結びついており、彼の哲学は新たなものに十分な余地を残していないと非難される」（Smeyers 1995, 114）としたうえで、「われわれにとって重要な事柄へのイニシエーションについて論じることは、いかなる批判も不可能だということを意味するわけではない。むしろわれわれはイニシエーションによって、批判がそもそも可能であるために必要不可欠な要素を手に入れるのである」（124）と論じている。また、言語習得を「生活形式へのイニシエーション」として捉えるカベルは、子どもは「「生活形式」を学ぶのである。［……］したがって語の意味を初心者に伝えるであるとか、事物について彼らに教えるなどと言う代わりに、私は次のように言いたい。すなわち、われわれは彼らを、言語のなかに保持され、われわれの世界に存在する事物や人物の周りに集められた、相互に関連する生活形式へとイニシエートするのである」と述べている（Cavell 2000, 28）。

（5）ウィトゲンシュタインは時に「教育（訓練）」（PI 189）といった表記を行うが、本書ではこれを教育と訓練の同一視としてではなく「限定」として、すなわち教育とその部分集合である訓練との包含関係を意味する表記として解釈したい。というのも、ウィトゲンシュタインはしばしば「教育（Erziehung/education）」を訓練よりも広い意味で用いており（OC 298, CV 81, etc.）、両者の外延は一致しないと考えられるからである。また同時に、教育に訓練が含まれることを示すこの表記は、「『教育』のもつより広い認知的含意を欠いている」（Peters 1965, 99）という理由で両者を区別し、教育のみをイニシエーションとして特徴づけるピーターズと、ウィトゲンシュタインとの相違点を示唆するものでもある。

（6）ラントレーはここでの「内容に対処する能力」に、「信念や価値の内容について配慮する能力、その内容について批判的検討を行う能力、そうした批判的検討のプロセスについて配慮する能力」（Luntley 2009, 42）という三つの意味を込めている。

（7）フォーダーが提示した学習のパラドクスは、いわゆる「メノンのパラドクス」と同型の構造をもつ。しかしながらラントレーによれば、「ソクラテスはあくまで命題的知識に狙いを定めており、そして命題的知識に関してなら、ある人物がもっているのは問題となっている知識の断片にすぎないのだという言い方ができる。フォーダーのパラドクスが強力なのは、それが命題的知識の基本的な構成要素――つまり、概念――に焦点を当てているからである」（Luntley 2008a, 12）。

（8）ラントレーは規則論からアスペクト論に至るウィトゲンシュタインの後期哲学を、自らの合理主義理論に基づいたうえで統一的に解釈する試みを提示している（Luntley 2003）。なお、彼のウィトゲンシュタイン解釈の特異性とその問題点については、平田 2013 の第四章を参照。

（9）グロックによれば、「アウグスティヌス的な像は、次の四つの立場からなる。すなわち、語の意味に関する指示説的な考え、文に関する記述主義的な考え、直示的定義が言語の基盤を与えるのだという考え、そしてわれわれの公的言語の根底には思考の言語があるのだという考えである」（Glock 1996, 41）。

(10) ウィトゲンシュタインにとって「『心的（mental）』という語が意味するのは、それら［意味することや思考すること］が働く仕方を理解できるなどと期待してはならないのだということである」（BB 39）。また「動物は心的能力（geistige Fähigkeiten/mental abilities）が欠けているがゆえに話さない」のではなく「端的に話さない」（PI 25）のであり、人間もまた心的能力があるがゆえに話すのではなく端的に話すのである。

(11)「展望」という概念の成立経緯については、丸山 2007b に詳しい。丸山によれば、「展望とは、はじめ理解し難いと思えたものと、自分自身が慣れ親しんでいるものとの間に連関を見出して、理解可能とすることである」（丸山 2007b, 122）。丸山はこの論文のなかで、『論考』の前期ウィトゲンシュタインが目指した「活動として明晰化をもたらすことを目的」とする「解明」（120）と、後期ウィトゲンシュタインの「展望」との対比を軸に、ウィトゲンシュタインが「一貫した哲学観を保持しながらも、哲学の方法に関しては前期と後期で大きく見解が異なってくる」（119）点を明らかにしている。

(12) ベイカーとハッカーもまた、「言語ゲームという方法は、『茶色本』において成熟をみる」（Baker and Hacker 2005a, 58）と述べている。『茶色本』のなかでウィトゲンシュタインは、建築者の言語ゲームのような「われわれの言語よりも単純な言語」（BB 77）を想定する。そして、この単純化された言語ゲームに徐々に「数字」（79）や「固有名」（80）、「問いと答え」（81）といった「コミュニケーションの新たな道具」（80）を追加し、単純化された言語を「拡張」（79）するという、構成的な記述を行っている。

(13) モイヤル＝シャーロックは「動物的確実性」（Moyal-Sharrock 2007a, 8）という知識の最終的な基盤を見出したことに、後期および最晩期ウィトゲンシュタインの「革新的な洞察」（Moyal-Sharrock 2013, 23）があるのだと論じている。この点については、本書の第7章で取り上げる。

(14) 身体的反応のレベルでの一致という論点については、本書の第5章で再び取り上げる。

(15) われわれ人間の動物的自然と動物のそれとの違いについて、メディナは次のように論じている。「動物的振舞いを規範的なものと見なすことができるのは、それが文化的に伝達されうる活動の一部を占める場合のみである。たしかに動物も、複雑な社会的相互行為を行うことができる。しかしながら、動物の活動が規範的に構造化された実践であるかどうかは、その実践に参加する者が、自ら学びそして他者に教えることのできる共有された手続きや技術によって、自らの振舞いを調整できるかどうかにかかっている」（Medina 2004, 85）。また同様の論点について、古田は「幼児や動物の本能的な振る舞いと変わらない「言語ゲームの起源」と「言語ゲーム」との違いは、「振りをする」（「嘘をつく」「装う」「正直である」「誠実である」）という実践が織り込まれているか否か、ということによって区別することができる」（古田 2006, 119）と論じている。

（16）「認知的分業」というアイデアについて、ウィリアムズは先の引用に続けて次のように述べている。「子どもは選択肢に対して盲目（*alternative-blind*）である。子どもは自らの振舞いが規範的に導かれているのだと気づくことなしに、大人の語使用によって打ち立てられた規範に自らの振舞いを適応させることを学ぶ。訓練が成功し、子どもがある物事を当然のことだと受け取るようになるためには、選択肢の認知を欠いていることが必要不可欠である。選択肢のこの欠如が、直示的教示を受ける者と直示的定義を受ける者を鋭く区別するのである」（Williams 2010, 105）。

第4章　言語・事物・規範性

（1）原題は『ウィトゲンシュタイン――規則と私的言語について』であるが、以下では邦訳のタイトルに合わせて『ウィトゲンシュタインのパラドクス』と表記する。

（2）齋藤によれば、「カベルの立場は、認識論的アプローチによって懐疑主義を否定し根絶することでもなく、逆にそれを肯定することでもない。そうではなく、懐疑主義を、実存的不安を抱える人間の条件の一部として引き受けるものである」（齋藤 2009, 91f.）。懐疑論を人間の実存的条件として承認するカベルの立場は、これを思考の病として退けようとするマクダウェルの立場と相反するものである。これに対して本書の目的は、いずれの立場からも十分には捉えることのできない、教育の言語ゲームの特質を解明することにある。

（3）詳細については、野本 1997 の第十二章を参照。

（4）以上の論点は、アウグスティヌス的言語観に対してウィトゲンシュタインが向けた批判の一つでもある。

（5）同じ箇所は、McDowell 1998 = 2016, 60 = 17 でも引用されている。

（6）ウィトゲンシュタインによるこの発言の意味について、カベルは「彼［ある論者］のその見解が、部分的にであれ真実であるということを［ウィトゲンシュタインが］ほのめかしているとは思わない」（Cavell 2004, 289）との注釈を加えている。

（7）マクダウェルの議論については既存の邦訳のほか、萩原によるマクダウェルの論文「徳と理性」の邦訳（マクダウェル 2008）と解説論文（萩原 2008）を参照。

（8）カベルとマクダウェルの違いを、グスタフソンは次のようにまとめている。「マクダウェルは、ウィトゲンシュタインの見解を明確に理解すればこのような恐怖が見当違いのものであることが明らかとなり、そうした恐怖に再びとらわれはじめたとしても、それを除去する方法について知ることができるであろうと考えているように思われる。これとは対照的に、カベルはこうした恐怖が決して治療可能なものではなく、それを防ぐこともできないのだと主張する」（Gustafsson 2005, 363）。

（9）ベイカーとハッカーはさらに、ウィトゲンシュタインが見本として挙げる様々な事物を、「規範的見本（canonical samples）」、「標準的見本（standard samples）」、「選択的見本（optional samples）」（Baker and Hacker 2005a, 99f.）の三つに分類している。

（10）野矢によれば、直示的定義における事物の「指示」と『論考』におけるそれとの違いは、「第一に、指示ということの基礎には自然な身体反応のレベルがあるということ。第二に、名の指示対象は見本として、それ自身言語的な身分をすでに有しているということ」（野矢 2006, 375）にある。これを野矢は、「「名は対象を指示する」という言い方を正当に確保するための論点、名と対象の間の指示関係をザラザラした大地に着地させるための議論」（ibid.）であると見なしている。

(11) シュルテも同様の点について、次のように述べている。「言語ゲームのなかで見本や比較対象あるいは範型として機能するものは、そこで用いられる語と同じレベルにある。このことは、標準的な定規や色見本が語やその他の言語的な単位に変換されるということではなく、それらが――語と同様に――言語ゲームにおける記述や理解のための必要不可欠な手段であることを意味する」(Schulte 1992, 124)。色見本それ自体はたんなる紙きれでしかないが、色の名を判断する言語ゲームやそれを教える言語ゲームの内部では、「われわれが比較を行う際に必要となる標準として機能する」(125) のである。

第5章　子どもの他者性

(1) 規則と一致をめぐる本書の議論は、鬼界 2003, 飯田 2005, 入不二 2006, 野矢 2012 等の先行研究に依拠したものである。

(2)「クワス (quus)」とは、quasi と plus の合成語である (Kripke 1982＝1983, 9＝14)。

(3) クリプキは、懐疑論の論点が「認識論的なものではない」(Kripke 1982＝1983, 21＝39) ことについて、次のように述べている。「懐疑論的な挑戦は、私の心の歴史や過去の振舞いのなかのいかなるものも――たとえ全能の神が知りうることすべてをもち出したとしても――私がプラスを意味していたか、クワスを意味していたかを確定することは不可能であるということを示そうとしているのである。[……] そしてもし私が過去において、クワスではなくプラスを意味していたことを成り立たせていた事実が存在しないならば、現在においてもこうしたことを成り立たせる事実は存在しえない。われわれがはじめにパラドクスを提示した時には、やむをえず現在の意味を当然のものと見なして言語を用いた。予想していたことではあるが、われわれはいまやこの暫定的な譲歩がまったくの虚構であったことを知ったのである。いかなる時であっても、私が「プラス」によって、あるいはその他の語によって意味していることを構成する事実など存在しえない。梯子は、最終的には蹴飛ばされねばならないのである」(21＝39f.)。なお、同じ箇所は柄谷 1992, 54f. においても、パラドクスを端的に表現した部分として引用されている。

（4）クリプキ自身も言及しているように（Kripke 1982 = 1983, 20 = 37）、「グルー」とはグッドマン（Nelson Goodman）が著書『事実・虚構・予言（*Fact, Fiction and Forecast*）』（一九五四年）で提示した事例であり、帰納法にかかわるパラドクスとして広く知られているものである。グルーのパラドクスがクワス算と同様に、過去から未来への語の意味の投射可能性を問題としているのに対し、「タベヤー」のパラドクスはある空間と別の空間の間でのそれを問題にしている点に特徴がある。

（5）対偶とは、「Aが真であるならBは真である」という命題から、「Bが真でないならAは真ではない」という命題を導出するための論理的操作である。

（6）飯田は生活形式という概念について、「数学の哲学や心理学の哲学においてウィトゲンシュタインがしているように、哲学的に問題ある概念を分析する際に、そうした概念を表す語の使用を、それを使用する人々の活動全体のなかに位置づけることは、ぜひとも必要なこと」である一方、「しかしながら、それ以上の何かがここに隠されていると考え、そこから生活形式についての抽象的理論を引き出そうとするならば、それはまったくウィトゲンシュタインの意図に反することだろう」（飯田 2005, 356）と論じている。また野家も同様に、「ウィトゲンシュタインが解明しようとしたのは、日々の生活実践の「内容」ではなく、あくまでも「形式」」（野家 2007, 357）であり、「このことこそ、彼の考察が「自然主義的」ではあっても「自然主義」の枠の中には収まり切らない何よりの理由なのである」（358）と述べ、生活形式概念の実体化に注意を促している。

（7）この点については、本書の第2章で論じた。

（8）マクダウェルも同様の見地から、数列をめぐる議論が目指しているのは「［異常な生徒が実際には現れないという］この確信を打ち破ることではなく、その根拠と本性に関するわれわれの考え方を変えることである」（McDowell 1998 = 2016, 205 = 232）と論じている。

（9）ウィトゲンシュタインは、「私が意図的にこの［立方体という］例を選んだのは、像が結局は当てはまることになるような、ある投影法を考えることがまったく容易だからである。立方体の像はたしかにわれわれにある種の適用を示唆したが、しかし私はそれを別様に用いることもできたのである」（PI 139）と述べている。

（10）この点について水本は、次のような見解を示している。「規則のパラドクスは、そのような「可能な」無数のパターンのどれが「正しい」パターンであるかには事実性はない、という主張として理解できよう。しかしそのような問題は、パターンをあたかも心の中だけに主観的に抱かれるものとして捉えることから帰結するのである。他方もしパターンが世界の側にあるならば、「どれ」が正しいかはせいぜい認識論的問題でしかなくなる。そしてその時、問題は我々の認識能力の限界や制約の問題に還元され、最終的には生物学や認知科学が説明すべきものとなろう」（水本 2002, 40）。

（11）入不二は先の引用に続けて、次のように論じている。「ウィトゲンシュタインは、「規則と適用という」両者の関係に対して逆転した見方を導入する。つまり、［……］「規則→事実」（規則が事実を律し、根拠づける）ではなく、「原事実→規則」（或る事実があってこそ、規則の成立が可能になる）という逆の見方の呈示である」（入不二 2006, 99f.）。入不二の言う「原事実」とは、何らかの規則を適用することそれ自体を意味する。入不二に従えば、たとえ規則の内容のレベルでわれわれと他者との間に違いがあったとしても、規則をまさに適用しているというその事実において、われわれと他者は一致をみる。そして、「その水準では一致しているからこそ、「かれら」が異なる規則に従っていると言えるのである」（101f.）。この意味で「われわれ」には他者が存在しない」（102）と主張する入不二は、「幼児の例を異民族や宇宙人などに変えて、「われわれ」とは極端に異なる行動様式や反応の仕方を想像することも可能であろう」（101）とも述べている。

（12）以上の二点は、本書の第3章3節で論じた内容である。

（13）「狂人」という概念について、中村は重要な指摘を行っている。中村は最晩期ウィトゲンシュタインの『確実性』のなかで、「狂人」すなわち「精神錯乱者のもつ世界そのものは［……］ある決定的な役割を果たしている。なぜならウィトゲンシュタインが考える「確実性」を支えているのは、「分別ある人間」（vernünftiger Mensch）という概念だからだ」（中村 1999, 108）と述べている。中村によれば、この確実性の基盤としての「「分別」つまり「理性」を、「分別」や「理性」たらしめるためには、「錯乱」という境界を画定する状態が絶対に必要となる」（109）。すなわち、「狂人」とは「われわれ」の範囲を定めるために特別に要請された概念なのである。

第6章　語りえぬものの伝達

（1）たとえば、永井 1995, 伊藤 1998, 古田 1998, 2000, 飯田 2005, 入不二 2006, Sluga 1996 等が、前期および後期ウィトゲンシュタインに自我をめぐる問題関心の一貫性を見出しており、本書はこれらの先行研究に依拠している。

（2）飯田によれば、言語と世界を対応づける主体として自我を捉える解釈を「正当化する直接の証拠は、じつは、どう贔屓目に見ても、きわめて貧弱である」（飯田 2005, 106）。それでもなお『論考』のなかで、言語と関連して「私」が現れうるのは、語と対象との関連づけという、この地点以外にはないと思われる」（107）という理由から、飯田はこのような解釈を採用している。

（3）言語論から存在論を導き出した前期ウィトゲンシュタインの画期性を、中田は「「存在と認識」から「存在と言語」への変容」、あるいは「「存在と言語」という問題意識そのもの」（中田 2008, 47）に求めている。またこうした方法論を、飯田は「存在論の方法としての言語分析」（飯田 2005, 94）と呼び、ストックホフは「存在論の言語依存的解釈」（Stokhof 2002, xv）と名づけている。なお、「思考し表象する主体」の存在を否定する「主体否定テーゼ」（野矢 2006, 245）と独我論との関連性については、野矢 2006, 245-249 を参照。

（4）倫理と宗教的信仰との語りえぬものとしての共通性について、ウィトゲンシュタインは一九二九年の手稿のなかで、「何かが善であるとすれば、それは神的でもある。奇妙なことだが、これが私の倫理学の要約である」（CV 5）と述べている。

（5）前期、後期ウィトゲンシュタインの自我をめぐる問題関心の一貫性について、スルガは「ウィトゲンシュタインは生涯を通じて心、心的状態、プロセス、行為に関する問題に取り組み、そのコンテクストのなかで定期的に私、自我、魂あるいは主体などと彼がおよそ区別せずに呼んだものへと戻っていったのである」（Sluga 1996, 320）と述べている。

（6）『論考』の理論的装置に対するウィトゲンシュタインの自己反省については、飯田 2005, 194-199 に詳しい。

（7）「私は痛い」という発話が表出機能をもつとするウィトゲンシュタインに対してスルガは次のように述べ、自我に関するより積極的な論点の提示を試みている。すなわち、「しかしわれわれの発話は、それに加えて第二の機能をもつ。「私」について幾度となく話すことによって、これらの発話は自己（a self）を時間と空間のなかのある場所へと位置づける。つまり、特定の性格をもち、願望、意図、目的、希望をもつものとしての自己である。同一化言明において同一化されるのは、この自己なのである。しかしながら、この自己は実在するものではなく、むしろわれわれが構築する概念やイメージである。したがってわれわれは自己のイメージや自己の概念を、「私」を含む発話が本質的に要請するものとして捉える考え方を提示することによって、自我（the self）に関するウィトゲンシュタインの説明に修正を加えなければならない」（Sluga 1996, 348）。このように、スルガは発話によって構築される「概念やイメージ」として自己を捉えることで、ウィトゲンシュタインの自我論に修正を加えている。先に言及したマーシャルとM・ピーターズの解釈も、スルガのこの議論に依拠したものである。

（8）古田は『論考』の「形而上的主体に直接相当する概念は、『探究』期のウィトゲンシュタインには見あたらない」（古田 1998, 166）ものの、「我々の各々がその都度論理に従い言語記号を操作する（それによって世界の意味ある理解が可能となる）限りのあり方」としての「論理的主体」（167）については、『探究』においても『論考』が顧慮しなかった物理的主体の複数性を反映した仕方で、主題化されている」（166）と論じている。そのうえで古田は先に引用した箇所に続けて、「言語記号の使用を通した世界の理解は、複数の人間による言語実践のなかでのみ可能である。世界の理解が成立するための契機には、主体の複数性と、論理的主体の承認という他者の態度が含まれる。我々の各自が論理的主体である、ということは、既に論理的主体である他者により、論理的主体であることを承認された限りの存在で我々がある、ということである。論理的主体と他者性とは、同根なるものとして、理解可能な世界の制約を形作っている」（167f.）と述べている。

（9）第2章1節で確認したように、後期ウィトゲンシュタインは言語を用いてなされるあらゆる活動を言語ゲームと呼んでおり、コミュニケーションが言語の唯一の目的であると考えてはいない。この点について、ウィトゲンシュタインはたとえば次のように述べている。「私は誰かに理解してもらうためだけではなく、問題を自分自身にとって明らかなものにするために、ある図面を作成する。（つまり、言語はたんなる通知（Mitteilung/communication）のための手段ではない。）」（Z 329）。

（10）拡大を続ける動態的な自我というイメージは、エマソン、デューイ、カベルらの思想をてがかりに教育における目的論的思考の再編を図る、齋藤の論考に依拠している。ただし、そこでは非継続的に自己展開を続ける「拡大する円」としての自我が向かう、方向性そのものの「不確実性」（齋藤 2007, 57）が強調されているのに対し、ウィトゲンシュタインにおける自我は拡大すると同時に自らの確実性を希求するものとして描かれている点で、「確実性」の意味内容および力点に相違があるように思われる。

（11）同様の箇所は伊藤 1998 でも引用されており、伊藤はここから「ウィトゲンシュタインはその最後の言語哲学において、我々の根本的信念である世界像にもとづいた、公共的言語ゲームとは独立に、いかなる公共的な言語ゲームにも属さない、いわば個人的にしか意味のない言表をも、正当なものと認め、さらには、重要なものと認めることになった、ということになる」(伊藤 1998, 2) との解釈を導き出している。

(12) このように、自我への問いは必然的に他者との関係性の了解へと至るがゆえに、倫理的な問いでもある。なぜなら、「倫理とは、戦争状態からの脱出——正確には、戦争の論理の延長上にある「休戦」(としての平和) の実現——のために自然的個人 (一人ひとりの私) が他者と取り結ぶ共同の生の形式のことではなく (言うまでもなく、ホッブズはそう考えたのだが)、そもそも私が「私」として成立してくる次元で不可避的に生じてしまっている他者との関わりのこと」(斎藤 2000, 158) だからである。

(13)『論考』においてウィトゲンシュタインは、「語りうること以外は何も語らぬこと。自然科学の命題以外は——それゆえ、哲学と関係のないこと以外は——何も語らぬこと。[……] これこそが、唯一厳密に正しい方法なのである」(TLP 6.53) と述べている。とはいえウィトゲンシュタインは、「言語の限界」へと突き進もうとするわれわれの衝動それ自体を否定してはいない。この点については、本書の第7章3節を参照。

(14) 詳細については、古田 2000 を参照。古田はこの論文のなかで、ウィトゲンシュタインの「後期哲学は、『論考』の倫理観を核心部分で保持している」(古田 2000, 131) という事実を思想史的に解明している。

第7章　教育と言語の限界

(1) ムーアの議論の詳細については、鈴木 2012 を参照。鈴木はウィトゲンシュタインの「ムーアに対する評価が、当初の否定的なものから、同書の後半になるにつれ次第に肯定的なものとなっていく」(鈴木 2012, 24) 点に着目し、『確実性』をムーア批判の書と捉える従来の標準的な解釈に再考を促している。

(2)『確実性』にはほかにも、「世界像」(OC 93, 94, etc.)、「導管」(96)、「川床」(97)、「回転軸」(152)、「足場」(211)、「岩盤」(498) などの様々な比喩が登場するが、本書では近年の研究動向にならって「蝶番」の比喩を代表的に用いている。他方でシュルテはこれらの比喩の差異に注目し、実際には何の働きもせず、何かを固定するわけでもない「回転軸」と「蝶番」との違いについて次のように述べている。「蝶番と比較されるのは、基本的な規則や情報を伝える命題である。その一方で回転軸にふさわしいのは、ムーアやウィトゲンシュタインによって議論されたような、ありふれた事柄を表現する文である。こうしたありふれた事柄［を表現する文］は、われわれの環境やそこでの生活について、他人に何かを伝えるために用いられたりはしない。これらは物事がいかにあるかを人々に思い起こさせるために用いられる、身振りや感嘆の声に近いものである」（Schulte 2007, 71）。

（3）研究者の観点に応じて、蝶番の分類は様々である。たとえば山田は、ムーアの挙げた「ムーア命題」、世界の恒常的なあり方を記述する「世界像命題」、探究の言語ゲームのなかで固定され、疑いをほかに向けることを要請する「蝶番命題」という三つの分類を提案している（山田 2013, 13）。

（4）ここではモイヤル＝シャーロックによる以上の分類が、「普遍性」を基準にしていることに注意しておきたい。彼女が普遍性を基準に蝶番を四種類に振り分けているのに対し、鬼界や鈴木は『確実性』におけるウィトゲンシュタインの思考プロセスを重視し、それを「公的確実性」から「私的確実性」へと至る一連の過程として描き出している（鬼界 2003、鈴木 2012）。

（5）「分別のある人」と「狂人」との対比については、第5章の註13でも取り上げた。

（6）モイヤル＝シャーロックは、ウィトゲンシュタイン自身が「明確に区別している箇所を見出してはいない」としながらも、蝶番を語りえぬものとして特徴づけるために、「「語ること」と「話すこと」」という二分法を導入すべき」（Moyal-Sharrock 2007a, 45）であると主張している。

（7）モイヤル＝シャーロックによれば、このことによって「ウィトゲンシュタインが命題の二値性を放棄したことが証明されるわけではない」（Moyal-Sharrock 2007a, 42）。むしろウィトゲンシュタインは、蝶番が「そもそも命題ではまったくない」（ibid.）ことを発見したのである。

（8）シュルテによれば、「川床」の比喩の意義は次の点にある。すなわち、「川床という確固たるものは均等な固さをもつ物質からなるわけではなく、ある部分は岩で、ほかのある部分は泥や砂でできている」(Schulte 2007, 65)。そして「彼［ウィトゲンシュタイン］の言う基礎とは、人間の行為——基礎に関する標準的なモデルに比べ、はるかに動的で変化に富んだメディア——のことなのである」(67)。

(9) というのも、コリヴァによれば「懐疑論者が実際に要求しているのは命題、すなわちわれわれの最深部にある信念の具体的内容の正当化だからである。そして、こうした信念を最終的にたんなる行為の仕方へと還元してしまうがゆえに、「動物的確実性」によってはこの正当化をもたらすことができないのである」(Coliva 2013a, 7f.)。

(10) この点について、たとえば前期から後期ウィトゲンシュタインへの移行を「教育学的転回」として捉えるマクミランは、『確実性』ではこの「教育学的転回が新たな方向へと向かい」(Macmillan 1983, 365)、そこには「基礎的信念(fundamental beliefs)を非理性的な仕方で身につける」(369)という教育の根底的な次元にかかわる見解が潜んでいると主張する。また後期から最晩期へと至る思考の深まりを「「教える－学ぶ」視点の展開」(丸山 1993, 11)と見る丸山は、「大人」を前提としてきた従来の知識論に抗して、「知識獲得に先立つ世界像の形成という非認知過程があること、これが基盤になって知識獲得は可能となること」(16)を、最晩期ウィトゲンシュタインの哲学から得られる教育学的示唆として導き出している。

(11) ただし、モイヤル＝シャーロックはこれに続けて「しかしながら、私はそれらについて語ること(すなわち、「日常的な」言語ゲームのなかで情報を伝えるための命題や、記述命題として言語化すること)はできない」(Moyal-Sharrock 2007a, 46)と述べ、蝶番それ自体はあくまで語りえぬものであり続けることを強調している。

(12) 英訳では『確実性』の第二三三節のみ impart と訳され、その他の箇所には teach という訳語があてられている。本書では以下で述べる理由から、beibringen をすべて「もたらす(impart)」と訳出している。

(13) 同様の観点から、ウィリアムズは蝶番命題を「規範的な、すなわち言語ゲームの内部で範例もしくは範型として用いられる」命題と、「子どもに教える際に用いられうる範例ではなく、むしろわれわれが行うあらゆる事柄のうちに潜在する」（Williams 2010, 254）命題の二種類に分類している。

（14）繰り返し論じてきたように、前言語的な動物的自然における一致が教育可能性を支え、この動物的自然に働きかけ、特定の反応を形成する行為としての訓練が教育の起点になるというのが本書の立場である。モイヤル＝シャーロックは、一方では「蝶番のなかのあるものは、「われわれの生のようにそこにある」（OC 559）。それらは自然で、動物的あるいは本能的な確実性であり、教えられることはなく、そのようなものとして言語化されることもない」とし、他方では「蝶番のうち別のあるものは、身につけられる（*acquired*）。ただし注意しなければならないのは、蝶番を身につける時、それらは——すべての規則と同様に——命題の学習によってではなく、何らかの形式の訓練を通じて身につけられるということである」（Moyal-Sharrock 2007a, 104）と述べ、本能的に備わる蝶番と事後的に身につけられる蝶番とを区別する。しかしながら以下で述べる理由から、前者——動物的自然のレベル——を「蝶番」と呼ぶことには問題があるように思われる。

エピローグ

（1）ピーターズはこのほかに、「著作物の不足」を解消する必要性、「哲学を他の学問分野と統合する必要性」、「分析的アプローチを緩和する必要性」、「カリキュラム全体を基礎づける「知識の諸形式」の代替案ないしは改訂案の必要性」、「特定の教科に関する哲学により一層取り組む必要性」、「「教育」概念に関するさらなる思考の必要性」、脱学校論のような従来の教育学の「外部からもたらされる貢献をより積極的に受け入れる必要性」、「教育哲学を実践的な問題へと結びつける必要性」（Peters 1983, 49-55）という八つの課題を挙げている。

（2）近年では、ピーターズを徳倫理学の文脈に位置づけようとする動きが見て取れる。たとえばウォーニックは、ピーターズの主著「『倫理と教育』は共同体論者のテクストとして読まれるべき」（Warnick 2007, 54）

であると主張し、ピーターズを「政治的なリベラリズムを自らの規範的伝統とする共同体論者」（65）として特徴づけている。またヘイドンは、ピーターズを「徳理論家」と見なすことができるかどうかは「徳理論をどう解釈するかによる」（Haydon 2010, 178）としたうえで、「彼はコールバーグよりもはるかに徳を重視した。たしかに、合理的な道徳性に奉仕するという意味で徳は重要である、というのが彼の公的な立場ではあった。しかし彼の著作を読めば、彼が明らかに特定の徳——とりわけ、その動機を自らの内に含み込むような共感——を、それ自体で望ましいものであると見なしていたことがわかる」（186）と論じている。

あとがき

本書は二〇一五年三月に東京大学大学院教育学研究科に提出し、同年七月に博士号（教育学）を授与された学位論文「ウィトゲンシュタインの後期哲学に関する教育学的研究」に加筆修正を行ったものである。各章の初出は以下の通りであるが、解釈の方向性も含めて大幅な修正を加えている。なお、第7章は齋藤直子編『哲学のサブジェクト転換（仮）』（東京大学出版会、近刊）のために準備した原稿がもととなっている。

第1章2節「第12章第2節1　分析的教育哲学の成立と展開」眞壁宏幹編『西洋教育思想史』慶應義塾大学出版会、二〇一六年、六四四－六四八頁。

第2章「教育の「日常性」についての言語論的考察――言語ゲーム論の方法論的再定位」東京大学大学院教育学研究科教育学研究室編『研究室紀要』第三四号、二〇〇八年、二五－三六頁。

第3章「言語ゲームへのイニシエーションとしての教育――後期ウィトゲンシュタイン

における「訓練」の意義」教育哲学会編『教育哲学研究』第一〇四号、二〇一一年、九六－一一三頁。

第4章 「教育における言語・事物・規範性――後期ウィトゲンシュタインの「直示的定義」をめぐって」東京大学大学院教育学研究科基礎教育学研究室編『研究室紀要』第三七号、二〇一一年、四七－五六頁。

第5章 「教育的思考の論理――「ウィトゲンシュタインのパラドクス」をてがかりに」東京大学大学院教育学研究科編『東京大学大学院教育学研究科紀要』第四七巻、二〇〇八年、三一－三九頁。

第6章 「ウィトゲンシュタインにおける自我の確実性に関する考察――自我を基点とした教育における関係性の分析」教育思想史学会編『近代教育フォーラム』第一八号、二〇〇九年、二四三－二五六頁。

本書は博士課程進学から現在までの、約十年の研究をまとめたものとなっている。この間、私はたくさんの方からのご助力とご支援を受けてきた。全員のお名前を挙げることはできないが、次の方々についてはここに明記しておきたい。

慶應義塾大学名誉教授の舟山俊明先生からは、学部ゼミ時代から現在に至るまで、学問的にも人格的にも多大な影響を受けた。舟山先生との出会いがなければ、私が実際に研究者を目指すこともなかったはずである。またドイツ語文献を丹念に読んでいただいた経験は、私にとってかけがえのない財産となっている。今後は「教育学的理性批判」という構想を、私なりに継承していきたいと考えている。大学院時代の指導教官である日本女子大学の今井康雄先生からは、教育学的に考えることの面白さと厳しさをともに教えていただいた。教育を成立させるメディアとしての言語というアイデアも、今井先生から受け継いだものである。「教育学は君が思っているほど甘い学問ではない」という言葉は、私のアイデンティティを支える大切な言葉となっている。

博士論文をご審査いただいた東京大学の小玉重夫先生、田中智志先生、片山勝茂先生、佐々木正人先生、針生悦子先生には、あらためて御礼を申し上げたい。主査である小玉先生からの力強い後押しがなければ、本書はもとより博士論文も完成をみなかったはずである。目標とすべき研究者像を常に示してくださった青山学院大学の北本正章先生、ロンドン大学教育研究所にてご指導いただいたポール・スタンディッシュ先生にも心から感謝している。また、私は幸いなことによき友人にも恵まれた。明治大学の関根宏朗さん、摂南大学の小山裕樹さん、信州大学の河野桃子さん、群馬大学の三澤紘一郎さんのお名前をここでは挙げておきたい。

なお、本書の出版は慶應義塾学術出版基金（平成二十八年度前期出版補助）によるものである。ご推薦いただいた慶應義塾大学の眞壁宏幹先生、多くの貴重なアドバイスをくださった同大学の山本正身先生、そしていつも助けていただいている同僚の先生方に、日頃からの感謝の意を表したい。慶應義塾大学出版会の平原友輔さんにはまさに伴走者として執筆に付き添っていただき、その言葉に何度励まされたかわからない。深く感謝申し上げる。

最後に、私をいつも見守ってくれている家族に、感謝の思いを伝えたい。

渡邊福太郎

二〇一七年四月二一日

人名索引

ア行

アウグスティヌス, A.　38-39, 54, 74, 211, 216, 219

飯田隆　147, 204-206, 220-221, 223-224

イードル, A.　23

今井康雄　1-2, 65, 78, 111, 203

入不二基義　135, 145, 220, 222-223

ウィズダム, J.　100

ウィリアムズ, M.　84-85, 110, 122, 195, 209, 218, 228

奥雅博　122

カ行

カイパーズ, S.E.　24-25, 28, 30, 208

カゼピデス, T.　29

カベル, S.　7, 47-49, 51-52, 56, 85, 90-92, 97, 99-102, 110, 115, 195, 208, 212-213, 215, 218-219, 225

柄谷行人　56, 123-125, 209, 213, 220

カルナップ, R.　17-18

菅豊彦　122-123

キルケゴール, S.A.　191

グッドマン, N.　17, 221

クリプキ, S.A.　7. 90, 92, 115-125, 127, 132, 135, 196, 209, 220-221

グリーン, T.F.　19

黒田亘　6, 37, 44, 57, 61, 186, 194, 214

グロック, H.J.　43-44, 78, 95, 104-105, 107, 111, 129, 216

ゲーデル, K.　18

コリヴァ, A.　8, 180-184, 188, 198, 228

サ行

齋藤直子　33, 212, 218, 225

崎川修　189-190

シェフラー, I.　18, 207

シュリック, M.　190

シュルテ, J.　80, 220, 226-227

スタンディッシュ, P.　35-36, 144, 152, 168-171, 194, 200-201

スティクニー, J.　70-72, 76

スマイヤーズ, P.　30, 63-65, 74, 215

スミス, B.O.　18, 206

スルガ, H.　151, 153, 155-156, 224

関口浩喜　55-56, 83, 94, 213-214

タ行

田中智志　33

タルスキ, A.　18

トルストイ, L.N.　4

ナ行

中村昇　92, 102-103, 176, 223

ネーゲル, E.　18

野家啓一　6, 37, 57-58, 61, 186, 194, 206, 208, 214, 221

ハ行

ハイデガー, M.　35, 144, 170, 190, 200

ハースト, P.　35

ハッカー, P.M.S.　42-43, 103-104, 108, 123, 129, 211, 217, 219

ハーディ, C.D.　18, 206

ハーバーマス, J.　23

バービュラス, N.　64-65, 74
ピーターズ, M.　27-28, 34-35, 144, 152, 210, 212, 224
ピーターズ, R.S.　1-2, 6, 19-24, 28-31, 34-35, 61-63, 65-67, 69, 73-74, 76, 80, 86, 193, 195, 200-201, 207, 209, 214-216, 229-230
フォーダー, J.　67-68, 74-75, 216
フーコー, M.　35, 210
ベイカー, G.　42-43, 103-104, 108, 123, 129, 211, 217, 219
ヘーゲル, G.W.F.　100
ベルクマン, G.　16
ヘンペル, C.G.　18

マ行

マカーティ, D.C.　50-51, 56, 212
マクダウェル, J.　7. 90-91, 97, 99-102, 109-110, 115, 123, 195, 218-219, 221
マクミラン, C.J.B.　11, 187-188, 228
マーシャル, J.D.　27, 30, 34, 144, 152, 212, 224
マッギン, M.　208, 211
マッギン, C.　122
松下晴彦　125-126, 140, 196, 206
マーティン, C.　24-25, 28, 208
マルカム, N.　122
丸山恭司　31-34, 116, 124-125, 164, 194, 199, 209, 214, 217, 228
宮寺晃夫　24, 63, 206-207, 215
ムーア, G.E.　171-173, 181, 226-227
モイヤル＝シャーロック, D.　7, 170, 174, 177-184, 188-189, 198, 217, 227-229

ラ行

ライト, C.　122
ライル, G.　19
ラッセル, B.A.W.　92
ラントレー, M.　6, 62, 65-77, 80, 85-86, 89, 195, 216
ローティ, R.　16-17, 27

事項索引

ア行

意志　148, 150, 163

イニシエーション　2, 6, 19-20, 22-23, 28-31, 61-67, 69, 74, 76, 83-87, 89, 115, 140, 144, 147, 160, 167, 193, 195, 197, 200, 208-209, 214-216

ウィトゲンシュタインのパラドクス　7, 31, 113, 116, 143, 196

ウィーン学団　16-17, 190

教え込み　1

教える－学ぶ　4, 7-8, 11, 14-15, 31, 34, 54, 56, 58, 61, 110, 140, 143, 164-165, 171, 184, 190-191, 193, 195, 198-199, 209, 213, 228

教える者　1, 8, 22, 30-34, 46, 58, 77, 79, 84-86, 91, 98, 100, 124, 134, 137, 140, 143-144, 146-147, 157-158, 167, 182-184, 187-188, 194, 197-200, 209

カ行

懐疑論　90, 100-102, 112, 120, 180, 213, 218, 220

懐疑論者　117-121, 127, 132, 135, 159-160, 171, 228

懐疑論的パラドクス　6-7, 90-91, 98, 100-102, 109-110, 115, 122, 195

解釈可能性　2, 78-79, 89, 93, 96, 98, 107, 110-113, 115, 135, 195

買い物の言語ゲーム　40, 42

架空の言語ゲーム　43-44, 129

『確実性』　156, 158, 165, 167-168, 170-171, 174, 176-179, 183-184, 189, 194, 197, 223, 226-228

学習のパラドクス　6, 62, 67-69, 73, 85-86, 195, 216

語りうること　12, 14, 145-146, 149, 151, 156-158, 164, 167, 177, 197, 226

語りえぬもの　7, 12, 14, 144-147, 149, 151, 155-158, 160, 162, 164, 167, 177, 192, 197, 199, 205, 210, 224, 227-228

神　12, 14, 150, 161-162, 220, 224

岩盤　29, 63-64, 80-81, 215, 226

規範性　72, 84-86, 104, 106-107, 109, 111, 123, 187, 195

規範的教育哲学　23, 25-26, 35-36, 168, 200-201, 207

規約主義　123

客観主義　151, 153-156

客観としての使用　154

教育学的転回　4, 11, 228

教育的関係性　77, 85-86, 190

教育と哲学の言語ゲーム　184-186

教育の可能性の条件　110, 126

教育の起点　79-82, 86, 89, 95, 195, 197, 229

教育の言語ゲーム　6-7, 58-59, 78, 90-91, 93, 102, 107, 109-111, 115, 124, 129, 131, 184, 186-187, 195, 199, 218

教化　1, 63

狂気　91, 139

教授　14, 29, 73, 84, 92, 188, 196

矯正　21, 126

狂人　28, 81, 136, 139-140, 197, 223, 227

共同体 29, 99, 121-123, 125, 151, 173, 229

-230
クワス　117-121, 220-221
訓練　6, 21-22, 38, 45-46, 49-52, 56-59, 61-65, 70-74, 76-77, 79-86, 89, 110, 112-113, 115, 125-126, 136-140, 195-199, 209, 212, 216, 218, 229
言語ゲームの記述　37, 40, 54, 57, 75, 153, 186, 214
言語習得　38-40, 42, 46, 50, 54, 56-58, 61, 69, 71, 74-75, 79, 85, 94, 157, 186, 195, 215
言語の限界　4, 7-8, 11-12, 14-15, 35-37, 82, 110, 146, 158, 162, 165, 167-171, 174-175, 187-188, 190-192, 194-195, 197-199, 201, 212, 214, 226
言語論的転回　15-19, 206
原初的言語ゲーム　6, 38, 42, 44-49, 51-52, 55-56, 58, 61, 82-85, 89, 115, 194, 198, 213-214
建築者の言語ゲーム　40, 42, 44, 46-47, 79, 82-85, 170, 217
行動主義　50, 52-54, 57, 213
心　22, 29, 30, 39, 41, 54, 66-67, 69-70, 74, 84, 110, 119, 131-133, 148, 206, 211, 213, 220, 222, 224
子どもの他者性　116, 124-125, 135, 140-141, 143, 194, 196, 199
コミュニケーション　1, 47, 78, 92-93, 123, 136, 138, 152, 154, 158, 164, 206, 209, 217, 225
コンテクスト　23-24, 41, 56, 58, 80, 84, 104, 110-111, 176, 186, 211, 213, 224

サ行
最晩期ウィトゲンシュタイン　7, 36, 165, 167-168, 170-171, 177, 179, 187-191, 193-194, 197-198, 205-206, 208, 217, 223, 228
座標系　138, 162-164, 175, 192, 198-199
ザラザラした大地　4, 13, 146, 158, 169, 186, 207, 214, 219
自我　3, 7-8, 34-36, 87, 144-160, 162, 164-165, 167, 190, 192, 194, 197-201, 210, 223-226
自我論　6-7, 28, 34-35, 141, 143-147, 151-153, 167, 193, 197, 210, 224
指示説　13, 21, 37, 39, 41, 92, 106, 155, 216
事実概念　44, 57, 129
自然科学　12, 145, 149, 151, 206, 226
実在論　123, 149
実践的転回　25-26, 168
社会化　21-22
宗教的信仰　149-151, 160, 162-164, 167, 197, 199, 224
主観としての使用　154
主体　68, 71, 76, 84-85, 147-149, 151, 210-211, 223-225
自律性　21, 36, 169, 200-201
心的　41, 53, 68, 74-75, 110, 118, 132, 154, 211, 217, 224
神秘性　116, 125, 140, 196
『心理学の哲学』　170, 204
生活形式　13, 23, 28-30, 32, 63-64, 99-101, 124-125, 199, 209-210, 215, 221
精神　27, 35, 53-54, 191, 223
生得的能力　69, 73, 80, 86
前期ウィトゲンシュタイン　12, 14, 17, 19, 34, 145, 147, 151-153, 157, 167, 197, 203, 205, 217, 223
前言語的　81-82, 192, 197-198, 229
潜在的他者性　32-33, 124, 164, 194, 199,

209
想像上の言語ゲーム　43-44, 129, 211

タ行
第二の自然　123
他者　1, 3-5, 7, 31-34, 36, 70-71, 76-77, 83, 84, 86-87, 123-126, 144, 146, 151, 157-160, 164-165, 167, 184, 189-190, 192, 194-195, 197-201, 209-210, 213-214, 218, 222, 225-226
『探究』 4-5, 11-12, 27-28, 35-36, 38, 40, 42-44, 48, 50, 52-53, 55-56, 79, 90-91, 93-94, 98, 105, 116, 128-132, 134,137, 146, 154, 156-158, 161-163, 167, 170, 194, 196, 198, 208, 211, 214, 224-225
『茶色本』 79, 217
中期ウィトゲンシュタイン　77, 91-92, 94, 204
超越論的　57, 150, 205, 207, 214
調教　51, 73, 80, 82, 85, 139, 196-197
蝶番　168, 173-180, 182-192, 198, 226-229
蝶番のパラドクス　8, 177, 179
蝶番命題　7, 168, 176, 178-184, 186-187, 198, 227-228
直示的教示　46, 48-49, 52, 79, 83-84, 209, 218
直示的説明　46, 77-79, 94
直示的定義　7, 46, 87, 89, 91-98, 102-104, 106-113, 115, 181-183, 187-188, 195, 216, 218-219
直示的定義のパラドクス　6, 89, 93, 96, 98, 107, 195
『哲学的文法』 77, 91-94, 204
伝統　1-2,15,17-19, 22, 25-27, 30, 36, 62, 64, 66, 74, 86-87, 173, 179, 200-201, 215, 230
展望　21-22, 42-43, 46, 56, 77, 154, 194, 217
動物的確実性　180, 183, 189, 228
動物的自然　79-80, 82, 84-86, 89, 112, 126, 138-140, 143, 189, 192, 195, 197-198, 217, 229
独我論　34, 149, 151, 153, 157, 170, 223

ナ行
ナンセンス　16, 132, 149, 191, 205
人間共通の行動様式　138, 140, 164, 198
認知科学　70-71, 74, 222
認知的分業　85, 195, 218

ハ行
背理法的　7, 43, 116, 127, 129, 131, 133-134, 136, 143, 196, 209
範型　22, 104-109, 111, 195, 220
反応　3, 31-32, 49, 52, 58, 69, 73, 80-86, 91, 98-99, 112-113, 122, 124, 126, 128-131, 133-138, 140, 143, 189, 196, 217, 219, 222, 229
比較対象　43-44, 55, 103, 129, 220
ピントがぼやけた訓練モデル　72, 81, 139, 197
振舞い　53, 70-71, 76, 80-82, 198, 217-218, 220
『文化と価値』 162, 165, 167, 197
分析的教育哲学　11, 15, 18-19, 23-27, 29, 35-36, 70, 168, 170, 200-201, 206-207
方法概念　43-44, 57, 129

マ行
学ぶ者　1, 7-8, 22, 29, 33-34, 64, 128, 143-144, 146, 157-158, 163, 183-184, 187

-188, 193-194, 197-198
身につける　1, 58, 63, 70, 137, 157, 183, 187-188, 190, 198-199, 228-229
見本　102-107, 109, 187, 195, 219, 220
メディア　2-3, 15, 53-54, 152, 158, 203, 228
もたらす　5, 50, 136, 138, 140, 187-188, 198-199, 217, 228
ものの見方　129, 134, 140, 143, 196

ラ行
倫理　8, 12, 14, 33-34, 64, 124, 149-151, 160-162, 164, 167-168, 191, 194, 197-201, 205-206, 224, 226
倫理学　191-192, 199, 207, 224, 229
ロビンズ報告　20
『論考』　3-4, 11-14, 16-17, 34, 37-39, 41, 92, 145-158, 160, 162, 167-168, 197-198, 205, 208, 210-211, 214, 217, 219, 223-226
論理学　18, 135-137, 206
論理実証主義　16-19, 206

文献

飯田隆（2005）『ウィトゲンシュタイン――言語の限界』講談社。

――――（編）（1995）『ウィトゲンシュタイン読本』法政大学出版局。

――――（編）（2007）『哲学の歴史 11　論理・数学・言語』中央公論新社。

飯田真、中井久夫（1972）『天才の精神病理――科学的創造の秘密』中央公論社。

伊藤邦武（1998）「ウィトゲンシュタイン最後の言語哲学――言語ゲームの限界について」『人間存在論』4、1-10。

今井康雄（2004）『メディアの教育学――「教育」の再定義のために』東京大学出版会。

――――（2006）「情報化時代の力の行方――ウィトゲンシュタインの後期哲学を手がかりとして」『教育学研究』73: 2、98-109。

――――（2008）「教育において「伝達」とは何か」『教育哲学研究』97、124-148。

――――（2009）「言語はなぜ教育の問題になるのか」『教育哲学研究』100 号記念特別号、221-242。

入不二基義（2006）『ウィトゲンシュタイン――「私」は消去できるか』NHK 出版。

大森荘蔵（1989）「言語ゲームはゲームか」『理想』644、22-25。

荻原理（2008）「われわれがしていることにめまいをおぼえてはならない――ジョン・マクダウェル「徳と理性」解説」『思想』1011、80-96。

奥雅博（1992）『思索のアルバム――後期ウィトゲンシュタインをめぐって』勁草書房。

カベル（2005）『センス・オブ・ウォールデン』齋藤直子訳、法政大学出版局。

亀本洋（1997）「言語論的転回への懐疑――論理実証主義を中心に」『20 世紀の法哲学（法哲学年報 1997）』日本法哲学会（編）、有斐閣、34-56。

柄谷行人（1992）『探究Ⅰ』講談社。

菅豊彦（2004）『道徳的実在論の擁護』勁草書房。

鬼界彰夫（1998）「『確実性』に関する一考察」『科学哲学』31: 1、35-51。

――――（2003）『ウィトゲンシュタインはこう考えた――哲学的思考の全軌跡 1912-1951』講談社。

黒田亘（1975）『経験と言語』東京大学出版会。

――――（編）（2000）『ウィトゲンシュタイン・セレクション』平凡社。

齋藤直子（2002）「教育の希望」『近代教育フォーラム』11、27-36。

――――（2007）「大人の教育としての哲学――デューイからカベルへ」『近代教育

フォーラム』16、51-66。

――――（2009）「去る教師・遺す教師――カベルによる『ウォールデン』解釈と「解釈の政治学」」『変貌する教育学』矢野智司ほか（編）、世織書房、77-103。

斎藤慶典（2000）『力と他者――レヴィナスに』勁草書房。

崎川修（1998）「世界像と他者――『確実性の問題』再考」『上智哲学誌』11、29-42。

佐藤学（1996）『教育方法学』岩波書店。

杉浦宏（編）（1995）『アメリカ教育哲学の動向』晃洋書房。

鈴木徹也（2012）「ウィトゲンシュタインの『確実性について』とムーア」『哲学・科学史論叢』14、23-55。

関口浩喜（1990）「ウィトゲンシュタインにおける直示的定義の問題――『哲学的文法』と『哲学探究』との比較を通じての一考察」『哲学誌』32、31-49。

――――（1995）「ウィトゲンシュタインの始め方――『哲学探究』の冒頭をどう読むか」飯田隆（1995）、149-166。

――――（1996）「展望とアスペクト――ウィトゲンシュタインの Übersehen 概念をめぐって」『哲学』47、256-265。

――――（2009a）「探究　ウィトゲンシュタイン的観点から」『岩波講座　哲学 3　言語／思考の哲学』飯田隆ほか（編）、岩波書店、207-248。

――――（2009b）「家族的類似性についての予備的考察」『福岡大学人文論叢』41: 1、1-34。

瀬嶋貞徳（2001）「「記述」の文法」『紀要．哲学科』43、67-78。

田中智志（2002）「他者への教育――ニヒリズムを反転させる脱構築」『近代教育フォーラム』11、13-25。

永井均（1991）『〈魂〉に対する態度』勁草書房。

――――（1995）「独我論の問題」飯田（1995）、206-221。

中田光雄（2008）『現代を哲学する　時代と意味と真理――A・バディウ、ハイデガー、ウィトゲンシュタイン』理想社。

中村昇（1999）「「確実性」について」『紀要．哲学科』42、93-118。

――――（2004）「指示と同時性」『紀要．哲学科』46、23-50。

貫成人（2008）『図説・標準哲学史』新書館。

野家啓一（1993）『言語行為の現象学』勁草書房。

――――（1995）「ウィトゲンシュタインと現代日本の哲学」飯田（1995）、44-61。

――――（2007）『増補　科学の解釈学』筑摩書房。

――――（2009）「展望　歴史を書くという行為――その論理と倫理」『岩波講座　哲学 11　歴史／物語の哲学』飯田隆ほか（編）、岩波書店、1-16。

野平慎二（2007）『ハーバーマスと教育』世織書房。

野村恭史（2006）『ウィトゲンシュタインにおける言語・論理・世界――『論考』の生成と崩壊』ナカニシヤ出版。

野本和幸（1997）『意味と世界――言語哲学論考』法政大学出版局。

野矢茂樹（2006）『ウィトゲンシュタイン『論理哲学論考』を読む』筑摩書房。

――――（2012）『心と他者』中央公論新社。

ハーバーマス（2000）『道徳意識とコミュニケーション行為』三島憲一、中野敏男、木前利秋訳、岩波書店。

林泰成（1995）「分析哲学の流れと教育」杉浦（1995）、227-240。

平田仁胤（2013）『ウィトゲンシュタインと教育――言語ゲームにおける生成と変容のダイナミズム』大学教育出版。

古田徹也（2006）「人間的自然とは何か――言語の習得をめぐるウィトゲンシュタインの考察から」『倫理学年報』55、113-127。

古田裕清（1998）「言語実践と論理的主体――ウィトゲンシュタインの前期思想と後期思想に一貫する視座について」『現代思想』26: 1、158-171。

――――（2000）「ヴィトゲンシュタインの倫理についての考え方」『ウィーンその知られざる諸相――もうひとつのオーストリア』中央大学人文科学研究所（編）、中央大学出版部、115-162。

ベラック（1972）『授業コミュニケーションの分析』木原健太郎、加藤幸次訳、黎明書房。

マクダウェル（2008）「徳と理性」萩原理訳、『思想』1011、7-33。

松下晴彦（1995）「分析的教育哲学の動向と可能性」杉浦（1995）、212-226。

――――（1999）『〈表象〉としての言語と知識――人間形成の基礎的地平』風間書房。

丸山恭司（1992）「ウィトゲンシュタインの言語ゲーム論とその教育学的意義――教育論としての言語ゲーム論における「理解」と「知識」」『教育哲学研究』65、41-54。

――――（1993）「知識獲得の非認知的基盤――ウィトゲンシュタインの『確実性の問題』から」『広島大学教育学部紀要　第一部（教育学）』42、11-17。

――――（2000）「教育において〈他者〉とは何か――ヘーゲルとウィトゲンシュタインの対比から」『教育学研究』67: 1、111-119。

――――（2001）「教育・他者・超越――語りえぬものを伝えることをめぐって」『教育哲学研究』84、38-53。

――――（2002）「教育という悲劇、教育における他者――教育のコロニアリズムを超えて」『近代教育フォーラム』11、1-12。

――――（2007a）「齋藤、デューイ、カベル、ウィトゲンシュタイン――道徳的完成主義から治療的展望へ」『近代教育フォーラム』16、67-74。

——— (2007b)「言語の呪縛と解放——ウィトゲンシュタインの哲学教育」『教育哲学研究』96、115-131。
水本正晴 (2002)「意図、身体、視覚——ウィトゲンシュタインの「実験」」『科学哲学』35: 1、27-42。
宮寺晃夫 (1991)「教育哲学の発展——分析的教育哲学の形成と構造」『教育哲学』小笠原道雄(編)、福村出版、27-43。
——— (1995)「哲学的分析・再論——「教授」の分析を中心に」杉浦 (1995)、196-212。
——— (1997)『現代イギリス教育哲学の展開——多元的社会への教育』勁草書房。
——— (1999)「合理主義の教育理論とピーターズ」『近代教育思想を読みなおす』原聡介、宮寺晃夫、森田尚人、今井康雄(編)、新曜社、145-163。
——— (2000)『リベラリズムの教育哲学——多様性と選択』勁草書房。
山田圭一 (2009)『ウィトゲンシュタイン最後の思考——確実性と偶然性の邂逅』勁草書房。
——— (2013)「蝶番命題の否定が位置づけられる場所——前期・中期・最晩期のウィトゲンシュタインの思考を通じて」『千葉大学人文社会科学研究』27、8-18。
吉田寛 (2009)『ウィトゲンシュタインの「はしご」——『論考』における「像の理論」と「生の問題」』ナカニシヤ出版。
米澤克夫 (2012)「ウィトゲンシュタイン哲学の展開における記憶論の意義 (3)」『聖心女子大学論叢』119、85-146。
Baker, G.P. and Hacker, P.M.S. (2005a) *Wittgenstein: Understanding and Meaning Part I: Essays*, 2nd extensively revised edn by P.M.S. Hacker (Oxford: Blackwell).
Baker, G.P. and Hacker, P.M.S. (2005b) *Wittgenstein: Understanding and Meaning Part II: Exegesis §§1-184*, 2nd extensively revised edn by P.M.S. Hacker (Oxford: Blackwell).
Baker, G.P. and Hacker, P.M.S. (2009) *Wittgenstein: Rules, Grammar and Necessity: Essays and Exegesis of §§185-242*, 2nd extensively revised edn by P.M.S. Hacker (Oxford: Blackwell).
Bergmann, Gustav (1992) 'Logical Positivism, Language, and the Reconstruction of Metaphysics' (in part) in Rorty (1992), 63-71.
Boghossian, Paul A. (1989) 'The Rule-Following Considerations' *Mind* 98: 392, 507-549.
Burbules, Nicholas C. and Smith, Richard (2005) 'What it Makes Sense to Say: Wittgenstein, Rule-Following and the Nature of Education' *Educational Philosophy and Theory* 37, 425-430.
Cavell, Stanley (1979) *The Claim of Reason: Wittgenstein, Skepticism, Morality, and Tragedy* (Oxford: Oxford University Press).
——— (1994) *A Pitch of Philosophy: Autobiographical Exercises* (Cambridge, MA: Harvard

University Press).（カヴェル（2008）『哲学の「声」——デリダのオースティン批判論駁』中川雄一訳、春秋社。）

——— (1996) 'Notes and Afterthoughts on the Opening of Wittgenstein's *Investigations*' in Sluga and Stern (1996), 261-295.

——— (2000) 'Excursus on Wittgenstein's Vision of Language' in Crary and Read (2000), 21-37.

——— (2002) *Must We Mean What We Say?: A Book of Essays*, 2nd updated edn. (Oxford: Oxford University Press).

——— (2004) 'Reply to Four Chapters' in *Wittgenstein and Scepticism* (ed.) McManus, Denis (London and New York: Routledge), 278-291.

Coliva, Annalisa (2010) *Moore and Wittgenstein: Scepticism, Certainty and Common Sense* (Basingstoke: Palgrave Macmillan).

——— (2013a) 'Hinges and Certainty. A Précis of *Moore and Wittgenstein. Scepticism, Certainty and Common Sense*' *Philosophia* 41, 1-12.

——— (2013b) 'Replies' *Philosophia* 41, 81-96.

Crary, Alice and Read, Rupert (eds) (2000) *The New Wittgenstein* (London and New York: Routledge).

Curren, Randall, Robertson, Emily and Hager, Paul (2003) 'The Analytic Movement' in *A Companion to the Philosophy of Education* (ed.) Curren, Randall (Oxford: Blackwell, 2003), 176-191.

Cuypers, Stefaan E. (1995) 'What Wittgenstein Would Have Said about Personal Autonomy' in Smeyers and Marshall (1995), 127-141.

Cuypers, Stefaan E. and Martin, Christopher (eds) (2011) *Reading R. S. Peters Today: Analysis, Ethics and the Aims of Education* (Chichester: Wiley-Blackwell).

Cuypers, Stefaan E. and Martin, Christopher (2013) *R. S. Peters* (London and New York: Bloomsbury).

Gasking, D.A.T. and Jackson, A.C. (1967) 'Wittgenstein as a Teacher' in *Ludwig Wittgenstein: The Man and His Philosophy* (ed.) Fann, K.T. (New York: Harvester Press, 1967), 49-55.

Glock, Hans-Johann (1996) *A Wittgenstein Dictionary* (Oxford: Blackwell).

Gustafsson, Martin (2005) 'Perfect Pitch and Austinian Examples: Cavell, McDowell, Wittgenstein, and the Philosophical Significance of Ordinary Language' *Inquiry* 48: 4, 356-389.

Hamlyn, D.W. (1989) 'Education and Wittgenstein's Philosophy' *Journal of Philosophy of Education* 23: 2, 213-222.

Haydon, Graham (2010) 'Reason and Virtues: The Paradox of R. S. Peters on Moral Education'

Journal of Philosophy of Education 43: S1, 173-188.

Hirst, Paul H. and White, Patricia（1998）'The Analytic Tradition and Philosophy of Education: An Historical Perspective' in *Philosophy of Education: Major Themes in the Analytic Tradition, Volume 1, Philosophy and Education*（eds）Hirst, Paul H. and White, Patricia（London and New York: Routledge, 1998）, 1-12.

Kazepides, Tasos（1991）'On the Prerequisites of Moral Education: a Wittgensteinean Perspective' *Journal of Philosophy of Education* 25: 2, 259-272.

Kripke, Saul A.（1982）*Wittgenstein on Rules and Private Language: An Elementary Exposition*（Oxford: Blackwell）.（クリプキ（1983）『ウィトゲンシュタインのパラドックス――規則・私的言語・他人の心』黒崎宏訳、産業図書。）

Kuusela, Oskari and McGinn, Marie（2012）*The Oxford Handbook of Wittgenstein*（Oxford: Oxford University Press）.

Luntley, Michael（2003）*Wittgenstein: Meaning and Judgement*（Oxford: Blackwell）.

――――（2007）'Learning, Empowerment and Judgement' *Educational Philosophy and Theory* 39: 4, 418-431.

――――（2008a）'Conceptual Development and the Paradox of Learning' *Journal of Philosophy of Education* 42: 1, 1-14.

――――（2008b）'Training and Learning' *Educational Philosophy and Theory* 40: 5, 695-711.

――――（2009）'On Education and Initiation' *Journal of Philosophy of Education* 43: S1, 41-56.

Macmillan, C.J.B.（1983）'On Certainty and Indoctrination' *Synthese* 56, 363-372.

――――（1991）'PES and The APA: An Impressionistic History' *Educational Theory* 41: 3, 275-286.

――――（1995）'How not to Learn: Reflections on Wittgenstein and Learning' *Studies in Philosophy and Education* 14, 161-169.

Malcolm, Norman（1986）*Nothing is Hidden: Wittgenstein's Criticism of His Early Thought*（Oxford: Blackwell）.（マルカム（1991）『何も隠されてはいない――ウィトゲンシュタインの自己批判』黒崎宏訳、産業図書。）

Marshall, James D.（1999）''I am LW': Wittgenstein on the Self' *Educational Philosophy and Theory* 31: 2, 113-121.

――――（2001）'A Critical Theory of the Self: Wittgenstein, Nietzsche, Foucault' *Studies in Philosophy and Education* 20, 75-91.

McCarty, D.C.（2002）'A Review of Michael Peters and James Marshall, 1999, *Wittgenstein: Philosophy, Postmodernism, Pedagogy, None of the Above*, London: Bergin and Garvey' *Studies in Philosophy and Education* 21, 253-262.

McDowell, John (1996) *Mind and World*, with new introduction (Cambridge, MA: Harvard University Press). (マクダウェル (2012)『心と世界』神崎繁ほか訳、勁草書房。)

——— (1998) *Mind, Value and Reality* (Cambridge, MA: Harvard University Press). (マクダウェル (2016)『徳と理性――マクダウェル倫理学論文集』大庭健 (編)・監訳、勁草書房。)

McGinn, Colin (1984) *Wittgenstein on Meaning: An Interpretation and Evaluation* (Oxford: Blackwell). (マッギン (1990)『ウィトゲンシュタインの言語論――クリプキに抗して』植木哲也、塚原典央、野矢茂樹訳、勁草書房。)

McGinn, Marie (1997) *Wittgenstein and the Philosophical Investigations* (London and New York: Routledge).

McGuinness, Brian (1988) *Wittgenstein: A Life. Young Ludwig 1889-1921* (London: Duckworth). (マクギネス (1994)『ウィトゲンシュタイン評伝』藤本隆志ほか訳、法政大学出版局。)

Medina, José (2002) *The Unity of Wittgenstein's Philosophy: Necessity, Intelligibility, and Normativity* (New York: State University of New York Press).

——— (2004) 'Wittgenstein's Social Naturalism: The Idea of Second Nature after the *Philosophical Investigations*' in Moyal-Sharrock (2004), 79-92.

Monk, Ray (1991) *Wittgenstein: The Duty of Genius* (London: Vintage Books). (モンク (1994)『ウィトゲンシュタイン――天才の責務』岡田雅勝訳、みすず書房。)

Moore, George Edward (1959) *Philosophical Papers* (London: George Allen and Unwin, New York: The Macmillan Company).

Moyal-Sharrock, Danièle (2007a) *Understanding Wittgenstein's On Certainty* (Basingstoke: Palgrave Macmillan).

——— (2007b) 'Unravelling Certainty' in Moyal-Sharrock and Brenner (2007), 76-99.

——— (2013) 'On Coliva's Judgmental Hinges' *Philosophia* 41, 13-25.

——— (ed.) (2004) *The Third Wittgenstein: The Post-Investigations Works* (Aldershot: Ashgate).

Moyal-Sharrock, Danièle and Brenner, William H. (eds) (2007) *Readings of Wittgenstein's On Certainty* (Basingstoke: Palgrave Macmillan).

Noddings, Nell (1995) *Philosophy of Education* (Boulder: Westview Press). (ノディングス (2006)『教育の哲学――ソクラテスからケアリングまで』宮寺晃夫監訳、世界思想社。)

Peters, Michael (1995) 'Philosophy and Education 'After' Wittgenstein' in Smeyers and Marshall (1995), 189-204.

——— (2000) 'Writing the Self: Wittgenstein, Confession and Pedagogy' *Journal of*

Philosophy of Education 34: 2, 353-368.

Peters, Michael and Marshall, James (1999) *Wittgenstein: Philosophy, Postmodernism, Pedagogy* (Westport and London: Bergin and Garvey).

——— (2002) 'Reading Wittgenstein: The Rehearsal of Prejudice, A Response to Professor McCarty' *Studies in Philosophy and Education* 21, 263-271.

Peters, Michael A., Burbules, Nicholas C. and Smeyers Paul (2008) *Showing and Doing: Wittgenstein as a Pedagogical Philosopher* (Boulder and London: Paradigm Publishers).

Peters, R.S. (1965) 'Education as Initiation' in *Philosophical Analysis and Education* (ed.) Archambault, Reginald D. (New York and London: Routledge, 1965), 87-111.

——— (1966) *Ethics and Education* (London: George Allen and Unwin Ltd). (ピーターズ (1971)『現代教育の倫理』三好信浩、塚崎智訳、黎明社。)

——— (1983) 'Philosophy of Education' in *Educational Theory and its Foundation Disciplines* (ed.) Hirst, Paul H. (London and New York: Routledge and Kegan Paul, 1983), 30-61.

Read, Rupert and Lavery, Matthew A. (eds) (2011) *Beyond the Tractatus Wars: The New Wittgenstein Debate* (London and New York: Routledge).

Rorty, Richard M. (ed.) (1992) *The Linguistic Turn: Essays in Philosophical Method* (Chicago and London: The University of Chicago Press).

Scheffler, Israel (1962) 'Toward an Analytic Philosophy of Education' in *Philosophy of Education: Essays and Commentaries* (eds) Burns, Hobert W. and Brauner, Charles J. (New York: The Ronald Press Company, 1962), 333-340.

Schulte, Joachim (1992) *Wittgenstein: An Introduction*, (trans.) Brenner, W.H. and Holley, J.F. (New York: State University of New York Press).

——— (2007) 'Within a System' in Moyal-Sharrock and Brenner (2007), 59-75.

Sluga, Hans (1983) 'Subjectivity in the *Tractatus*' *Synthese* 56, 123-139.

——— (1996) '"Whose House is That?": Wittgenstein on the Self' in Sluga and Stern (1996), 320-353.

Sluga, Hans and Stern, David G. (eds) (1996) *The Cambridge Companion to Wittgenstein* (Cambridge: Cambridge University Press).

Smeyers, Paul (1992) 'The Necessity for Particularity in Education and Child-Rearing: the Moral Issue' *Journal of Philosophy of Education* 26: 1, 63-73.

——— (1995) 'Initiation and Newness in Education and Child-Rearing' in Smeyers and Marshall (1995), 105-125.

——— (2005) 'The Labouring Sleepwalker: Evocation and Expression as Modes of Qualitative Educational Research' *Educational Philosophy and Theory* 37: 3, 407-423.

Smeyers, Paul and Burbules, Nicholas C. (2006) 'Education as Initiation into Practices'

Educational Theory 56: 4, 439-449.
Smeyers, Paul and Marshall, James D.（1995）'The Wittgensteinean Frame of Reference and Philosophy of Education at the End of the Twentieth Century' in Smeyers and Marshall（1995）, 3-35.
――――（eds）（1995）*Philosophy and Education: Accepting Wittgenstein's Challenge*（Dordrecht, Boston and London: Kluwer Academic Publishers）.
Standish, Paul（1992）*Beyond the Self: Wittgenstein, Heidegger and the limits of language*（Aldershot: Avebury）.（スタンディッシュ（2012）『自己を超えて――ウィトゲンシュタイン、ハイデガー、レヴィナスと言語の限界』齋藤直子訳、法政大学出版局。）
Stickney, Jeff（2008）'Training and Mastery of Techniques in Wittgenstein's Later Philosophy: A Response to Michael Luntley' *Educational Philosophy and Theory* 40: 5, 678-694.
Stokhof, Martin（2002）*World and Life as One: Ethics and Ontology in Wittgenstein's Early Thought*（Stanford: Stanford University Press）.
Warnick, Bryan R.（2007）*'Ethics and Education Forty Years Later' Educational Theory* 57-1, 53-73.
White, John（1982）*The Aims of Education Restated*（London, Boston and Henley: Routledge and Kegan Paul）.
Williams, Meredith（1999）*Wittgenstein, Mind and Meaning: Toward a Social Conception of Mind*（London and New York: Routledge）.（ウィリアムズ（2001）『ウィトゲンシュタイン、心、意味――心の社会的概念に向けて』宍戸通庸訳、松柏社。）
――――（2010）*Blind Obedience: Paradox and Learning in the Later Wittgenstein*（London and New York: Routledge）.
Wright, Crispin（1980）*Wittgenstein on the Foundations of Mathematics*（London: Duckworth）.

著者紹介
渡邊福太郎（わたなべ　ふくたろう）
1981年東京都生まれ。慶應義塾大学文学部卒業、東京大学大学院教育学研究科博士課程単位取得退学。博士（教育学）。現在、慶應義塾大学文学部助教。専門は教育哲学・教育思想。共著書に『西洋教育思想史』（慶應義塾大学出版会、2016年）、論文に「言語ゲームへのイニシエーションとしての教育」（『教育哲学研究』第104号、2011年）、共訳書にシュネーデルバッハ『ドイツ哲学史 1831-1933』（法政大学出版局、2009年）、ヴィンセント『マス・リテラシーの時代』（新曜社、2011年）など。

ウィトゲンシュタインの教育学
——後期哲学と「言語の限界」

2017年7月31日　初版第1刷発行

著　者————渡邊福太郎
発行者————古屋正博
発行所————慶應義塾大学出版会株式会社
〒108-8346　東京都港区三田2-19-30
TEL〔編集部〕03-3451-0931
〔営業部〕03-3451-3584〈ご注文〉
〔　〃　〕03-3451-6926
FAX〔営業部〕03-3451-3122
振替　00190-8-155497
http://www.keio-up.co.jp/

装　丁————耳塚有里
印刷・製本——萩原印刷株式会社
カバー印刷——株式会社太平印刷社

Printed in Japan　ISBN 978-4-7664-2443-0

慶應義塾大学出版会

慶應義塾大学三田哲学会叢書　ars incognita

コミュニケーションの哲学入門

柏端達也 著

ポール・グライスやドナルド・デイヴィドソンの言語哲学を援用し、コミュニケーションという複雑な営みをわかりやすく理論化する。ユーモアと刺激あふれる哲学入門。

新書判／並製／108頁
ISBN 978-4-7664-2392-1
◎ 700円　2016年12月刊行

◆主要目次◆

はじめに

第一章　何がコミュニケーションに含まれるのか

第二章　言語はそれほど必要ないかもしれない

第三章　「意味」といわゆるメタメッセージ

第四章　言語の居場所はどこにあるのだろうか

書誌情報

あとがき

慶應義塾大学出版会

わざ言語

感覚の共有を通しての「学び」へ

生田久美子・北村勝朗 編著

「わざ」の伝承を支える「ことば」に迫る。学習者が指導者から学ぶべきものとは何か？　それはどのような言葉で促されるのか？　という問題に焦点をあて、学習者の認知プロセスを明らかにする。

A5判／上製／400頁
ISBN 978-4-7664-1804-0
◎3,500円　2011年3月刊行

◆主要目次◆

はじめに――「わざ言語」と「学び」　生田久美子

第一部「わざ言語」の理論

第一章　「わざ」の伝承は何を目指すのか　生田久美子
第二章　熟達化の視点から捉える「わざ言語」の作用　北村勝朗
第三章　スポーツ領域における暗黙知習得過程に対する「わざ言語」の有効性　永山貴洋
第四章　「文字知」と「わざ言語」　川口陽徳
第五章　「わざ言語」が促す看護実践の感覚的世界　前川幸子
第六章　看護領域における「わざ言語」が機能する「感覚の共有」の実際　原田千鶴
第七章　人が「わざキン」に感染するとき　佐伯 胖

第二部「わざ言語」の実践

第一章　「歌舞伎」の「わざ」の継承と学び　五代目 中村時蔵（聞き手 生田久美子）
第二章　しむける言葉・入り込む言葉・誘い出す言葉　佐藤三昭（聞き手 川口陽徳）
第三章　感覚との対話を通した「わざ」の習得　朝原宣治（聞き手 北村勝朗）
第四章　スピードスケート指導者が選手とつくりあげる「わざ」世界　結城匡啓（聞き手　永山貴洋）
第五章　「生命誕生の場」における感覚の共有　村上明美（聞き手　原田千鶴）

表示価格は刊行時の本体価格（税別）です。